Regine Zopf und Ralph Peters

Seelenpartner – Begegnung im Licht

Wie man seinen Seelenpartner findet und erkennt

Regine Zopf und Ralph Peters

Seelenpartner
Begegnung im Licht

Wie man seinen Seelenpartner findet und erkennt

Archantaya Verlag

ISBN 3-937534-18-0

1. Auflage September 2001
2. Auflage Oktober 2005

Satz: Ralph Peters
Umschlaggestaltung: Ralph Peters
Umschlagbild: Regine Zopf
Archantaya Verlag, Scharnhorst-Marwede

Hergestellt in der Tschechischen Republik

Wir widmen dieses Buch
allen Menschen,
die sich für die Liebe öffnen.

Unser besonderer Dank
gilt unseren Engelfreunden,
den Weltenhütern.

Inhalt

Vorwort

Viele Menschen sehnen sich nach einer wahren und tiefen Liebesbeziehung, aber nur wenige erfüllen sich heutzutage diesen Wunsch. Andere Dinge, wie beruflicher Erfolg, gesellschaftliches Ansehen oder Unabhängigkeit, sind wichtiger geworden. Die Suche nach einem geeigneten Partner scheint zu mühsam oder sogar fast unmöglich zu sein.

Auch für uns war dies vor vielen Jahren noch ähnlich. Doch irgendwann waren wir nicht mehr damit zufrieden, ein Leben ohne eine wirkliche Liebesbeziehung zu verbringen. Wir haben uns auf den Weg gemacht und sind nun seit mehr als 11 Jahren ein Paar. Durch unser Zusammensein und unsere Liebe füreinander hat sich für uns vieles auf großartige, unerwartete Art und Weise positiv verändert. In diesem Buch wollen wir erzählen, wie wir uns vorbereitet haben, um unseren Seelenpartner zu finden, welche Hürden wir dabei meistern mußten und wie unsere Beziehung unser Leben bereichert und transformiert hat. Unsere Geschichte soll zeigen, daß es für jeden Menschen möglich ist, eine tiefe Liebesbeziehung zu finden und einzugehen.

Im zweiten Teil des Buches spricht die Gruppe der Weltenhüter durch Regine darüber, was eine Seelenpartnerschaft auszeichnet und besonders macht. Sie erläutern grundlegende Themen einer Liebesbeziehung, die einen einzigartigen Einblick in diese tiefe Sehnsucht des Menschen ermöglichen. Weiterhin stellen die Weltenhüter eine konkrete Anleitung zur Verfügung, die den Leser durch sieben wichtige Schritte hindurch begleitet und ihn auf eine harmonische Liebesbeziehung, eventuell sogar mit einem Seelenpartner, vorbereitet.

Durch unsere eigene Suche wissen wir, daß es oft einige Hürden, wie z.B. unbewußte Konditionierungen und Gewohnheiten, gibt, die das Finden eines geeigneten Partners verhindern oder blockieren können. Für uns ist es faszinierend, wie einfach und klar die Weltenhüter hierbei Hilfestellung geben, und welche Möglichkeiten sich dadurch für jeden Suchenden eröffnen.

In einem abschließenden Teil beantworten die Weltenhüter Fragen zum Thema Seelenpartnerschaft, die uns schon häufig gestellt wurden.

Wir hoffen, daß der eine oder andere Leser durch diese Texte angeregt wird und genügend Mut in sich findet, um sich auf die Suche nach einer wahren Liebesbeziehung zu machen.

Seelenpartner berichten

Auf der Suche nach dem Seelenpartner

In allen Phasen meines Lebens habe ich immer leicht Kontakt zu Männern bekommen, und zu manchen Zeiten unterhielt ich mit ihnen sogar mehr Freundschaften als mit Frauen. Ich machte auch viele Erfahrungen in kurzen und langfristigen Liebesbeziehungen. Die Partner, von denen ich mich anzogen fühlte, waren alle außergewöhnliche Persönlichkeiten. Ich war eher an exzentrischen, etwas verrückten, als an ruhigen oder angepaßten Männern interessiert. Von daher waren meine Liebesbeziehungen durchwegs sehr turbulent und von vielen Spannungen gekennzeichnet.

Meine erste wichtige Beziehung dauerte damals acht Jahre, in denen mein Freund und ich manchmal zusammen, dann wieder räumlich getrennt voneinander wohnten. Wir erlebten schöne und aufregende Zeiten, z.B. hatten wir uns dasselbe Studium ausgesucht, und wir unternahmen eine einjährige Reise durch Indien und Sri Lanka und fanden dabei unseren spirituellen Meister. Uns verbanden viele gemeinsame Interessen, aber wir waren auch sehr verschieden. Dadurch waren Spannungen vorprogrammiert, und unser

Zusammensein war von einem ständigen Auf und Ab geprägt. Wir durchlebten Phasen großer Verliebtheit, dann zerwarfen wir uns und trennten uns sogar, um dann doch wieder zusammenzukommen. Dieses Hin und Her wurde zum Ende unserer Beziehung immer nervenaufreibender. Ich kann mich nicht daran erinnern, daß wir uns damals offiziell getrennt hätten, aber wir konnten und wollten nicht mehr als ein Liebespaar zusammenleben, obwohl wir uns noch sehr mochten. In den folgenden Jahren waren wir weiterhin Freunde füreinander, bis wir uns ganz aus den Augen verloren.

Diese Beziehung war schön, aber auch schmerzhaft für mich gewesen, und nach ihrem Ende machte ich mir viele Gedanken darüber, was ausschlaggebend dafür gewesen war, daß es so viele Schwierigkeiten gegeben hatte. Ich mußte erst einmal verdauen und verarbeiten, was ich erlebt hatte. Zunächst wollte ich nichts mehr von einer Liebesbeziehung wissen und außer kurzen, nicht sehr tiefgehenden Beziehungen blieb ich alleine.

Einige Jahre hatte ich keinen festen Freund mehr, bis ich mich schließlich wieder auf einen Mann einließ. Auch diese Beziehung sollte sehr spannungsgeladen verlaufen, da mein neuer Freund schon in einer festen Beziehung lebte, mir dies aber zu Beginn verschwieg. Wieder lief im Grunde dasselbe Muster ab, nur unter anderen Voraussetzungen. Dieses Mal hatte ich mich in einen Mann verliebt, der nicht einmal richtig frei für mich war und der gleichzeitig mit mir und seiner anderen Freundin zusammensein wollte. Alles lief äußerst dramatisch ab, und ich erlebte einen bekannten Ablauf – wir verbrachten Zeiten großer Vertrautheit, dann entfernten wir uns wieder voneinander, mein Freund zog bei mir ein, dann zog er wieder aus, er trennte sich von seiner anderen Freundin, um sich ganz auf mich einzulassen, dann versöhnte er sich wieder mit ihr. Ein zermürbendes Hin und Her fand statt, das letztendlich nach circa einem Jahr darin gipfelte, daß ich mich von ihm trennte.

Nun hatte ich von solchen Beziehungen wirklich genug! Ich war bitter enttäuscht. Nur von was oder wem? Von meinem Freund, der sich nie wirklich für mich entschieden hatte? Von den Männern und Liebesbeziehungen generell? Viele Fragen und Gedanken schwirrten durch meinen Kopf, und ich war sehr durcheinander.

Eines wußte ich aber ganz genau, ich wollte keine Kompromisse mehr in einer Liebesbeziehung machen! Ich schwor mir, daß ich lieber alleine bleiben wollte, als in einer Beziehung zu leben, in der einiges ganz schön, vieles aber unbefriedigend war. Ich war bereit, ohne einen Partner zu leben, wenn ich nicht einen geeigneten Mann finden würde, mit dem ich alle Bereiche des Lebens teilen konnte – ich sehnte mich nach einem Mann, mit dem ich mich sexuell verstand, mit dem ich Gefühle und Gedanken austauschen konnte, der ein Interesse an Meditation hatte und der dies alles natürlich auch von sich aus mit mir teilen wollte. In all meinen Beziehungen hatte meinem Empfinden nach immer etwas Entscheidendes gefehlt, ein Mann interessierte sich nicht für Meditation, die für mich sehr wichtig war, oder der andere konnte nicht über seine Gefühle sprechen und fand mich zu emotional. Falls ich noch einmal eine Beziehung eingehen würde, sollte dies nicht mehr so sein!

Mein übriges Leben war in dieser Phase gerade sehr spannend. Während eines langen Indienaufenthalts hatte ich in einem bewegenden Erlebnis entdeckt, daß ich mich bewußt in Verbindung mit der geistigen Welt setzen konnte. Seitdem stellte ich regelmäßig einen medialen Kontakt zu einem Lichtwesen her, das sich Raju nannte und mir all meine Fragen, die mir bisher unbeantwortet geblieben waren, beantwortete. Das war für mich sehr heilsam, denn die lichtvolle Präsenz und die Weisheit von Raju halfen mir über viele innere Hindernisse hinweg. Ich war aber auch unsicher, wie die Menschen in meiner Umgebung auf mich reagieren würden, wenn sie erfuhren, daß ich mediale Kontakte zu feinstofflichen Wesen unterhielt. Deshalb teilte ich diese Erfahrungen zunächst nur mit meinen zwei engsten Freundinnen. Mit diesen machte ich Sitzungen, in denen sie Fragen über sich stellen konnten, oder sie stellten für mich meine Fragen, während ich Raju durch mich sprechen ließ.

Nach der Enttäuschung über meine letzte Liebesbeziehung blieb ich alleine, aber ich war nicht einsam, denn ich lebte in einer Wohngemeinschaft und war ständig umgeben von netten Männern. Ich hatte eine Arbeit in einer Softwarefirma und war relativ zufrieden mit meinem Leben. Relativ! Denn ich spürte sehr schnell, daß ich mich doch nach einer Liebesbeziehung sehnte. Aber ich wollte ja keine Kompromisse mehr machen, und nach der letzten schmerzhaften Erfahrung war mir klar, daß ich irgendetwas an mir ändern mußte, damit ich eine erfüllende, bereichernde Liebesbeziehung eingehen konnte.

Was sollte ich tun, was mußte ich an mir verändern? War es überhaupt möglich, in einer Liebesbeziehung alles mit dem Partner zu teilen? Mußte man vielleicht immer Kompromisse eingehen und die eigenen Bedürfnisse zurückstellen? Gab es so etwas wie den einen idealen Partner, der mich liebt und annimmt, so wie ich bin und den ich so lieben und annehmen kann, wie er ist, oder war das nur eine Illusion und eine unerfüllbare Wunschvorstellung? Die Realität zeigte mir kein positiv beeindruckendes Beispiel. Ich kannte viele Menschen, die aus innerer Verschlossenheit oder Enttäuschung alleine blieben, andere, die in einer lockeren, „freien" Beziehung lebten, nur um sich nicht tiefer einlassen zu müssen und wiederum andere, die eine feste, sichere, aber sehr eingefahrene Beziehung hatten. All das kam für mich nicht mehr in Frage. Jetzt wollte ich eine wirkliche, eine wahre Liebesbeziehung! Nur wie sollte ich dies anstellen? Was mußte ich tun, und konnte ich überhaupt etwas dazu beitragen, um dies für mich Realität werden zu lassen oder war ich nur eine Träumerin?

Ich fragte meinen Geistführer Raju in dieser Angelegenheit um Rat und bat ihn um seine Hilfe. Er meinte, daß zwischen der Realisierung meines Wunsches noch einige Hürden liegen würden, die ich auflösen müßte. In der folgenden Zeit stellte er mir in mehreren Sitzungen viele Fragen, die ich jeweils bis zum nächsten Treffen beantworten sollte. Diese Fragen zielten darauf ab, daß ich mir bewußter über die Geschehnisse in meinen vergangenen Beziehungen und sogar über die Beziehung meiner Eltern werden sollte. Ich erkannte ziemlich schnell Zusammenhänge und sich wiederholende Muster, und mir wurde klar, daß mich immer Männer angezogen hatten, die für mich schwierig waren. Ich nahm die Hilfe, die mir Raju in Form von Fragen gab, sehr ernst, und ich setzte mich intensiv mit ihnen auseinander. In jeder Sitzung besprach ich mit Raju, was ich bei der Beantwortung der Fragen herausgefunden hatte. Anschließend fügte er seine Weisheit hinzu und gab mir weitere wertvolle Anregungen.

Meine Selbsterforschung fand seinen Höhepunkt darin, daß ich auf eine tief in mir wirkende Einstellung traf, die besagte: „Nähe zerstört". Das war für mich überraschend, denn ich hatte immer enge und tiefe Freundschaften zu

Menschen gehabt und war fähig gewesen, mit ihnen meine Gefühle und Gedanken zu teilen. Aber ich hatte mir oft Liebespartner gesucht, die sich innerlich nicht vollends oder durchgängig auf mich eingelassen hatten. Nun mußte ich überdenken, ob dies nur an ihnen oder nicht auch an mir gelegen war. Auf der einen Seite hatte ich durch die Wahl meiner Partner verhindert, daß wirkliche Nähe konstant gelebt werden konnte, auf der anderen Seite hatte ich darunter gelitten. Ich wollte dieses Muster unbedingt auflösen und mir nun aus ganzem Herzen erlauben, tiefe Nähe und Liebe zuzulassen.

In dieser Zeit entdeckte ich in mir viele weitere wirre, teils widersprüchliche Gedanken über Beziehungen, z.B. daß keine Liebe zwischen einem Paar vorhanden ist, wenn es sich streitet. Konflikte setzte ich mit der Abwesenheit von Liebe gleich. Den Zusammenhang fand ich in meiner Kindheit. Als kleines Kind hatte ich immer gedacht, daß sich meine Eltern nicht mehr lieben würden, wenn sie sich gestritten hatten. Ein anderes Gedankenmuster besagte, daß eine Beziehung langweilig ist, wenn keine Aufregung herrscht. Dies war in mir mit einem Bild von einem Paar gleichgeschaltet, das gemeinsam nur noch vor dem Fernsehapparat sitzt und sich nichts mehr zu sagen hat. Harmonie war für mich negativ besetzt und mit Langeweile und Gleichgültigkeit verbunden. Mir wurde vieles bewußt, was bis dahin versteckt in mir gewirkt und sich in schwierigen Beziehungen gezeigt hatte. Mit Hilfe von Raju konnte ich all diese falsch gepolten Gedanken entdecken und erkennen, daß sie mir geschadet hatten. Dies erleichterte es mir erheblich, sie loszulassen.

Schließlich hatte ich das befreiende und sichere Gefühl, alles getan zu haben, was möglich war und daß ich bald meinen zukünftigen Freund kennenlernen würde. Ich war für eine neue Liebe bereit, und ich fragte Raju, ob es noch lange dauern würde, bis ich „ihn“ treffen würde. Raju gab mir folgende poetische Antwort. Wir, ich und mein zukünftiger Partner, hätten uns beide ausführlich aufeinander vorbereitet und seien zu vergleichen mit zwei Schauspielern, die bereits hinter dem noch geschlossenen Vorhang auf der Bühne des Lebens stehen würden. Beide hätten wir unsere Aufgabe sehr gut gemeistert und unsere Rollen sorgfältig einstudiert. Nun müßte sich nur noch der Vorhang heben und unser gemeinsames Bühnenstück könnte beginnen. Ich freute mich, denn das hieß, daß ich meinen zukünftigen Partner bald finden würde.

Zwei oder drei Wochen später fand ein Trainingsseminar in der Firma, in der ich arbeitete, in Freiburg statt, zu dem die Vertriebspartner aller kooperierenden Firmen eingeladen waren. An diesem Training zum Thema „Innerer und äußerer Reichtum“ nahm auch Ralph teil, denn er leitete eine entsprechende Firma in Hamburg. Ich kannte ihn bereits flüchtig durch einige geschäftliche Telefonate und Besuche. In einer Übung des Seminars ging es um verschiedene Bereiche des Lebens, die wir in eine Skala von 1 bis 10 einordnen sollten, je nachdem welche Priorität sie in unserem Leben einnahmen. Alle Teilnehmer sollten der Reihe nach der Gruppe mitteilen, was für sie das Wichtigste war. Das war der Zeitpunkt, an dem mir Ralph das erste Mal wirklich auffiel und mich äußerst beeindruckte, denn er traute sich vor der ganzen Gruppe als einziger zu sagen, daß der Bereich Beziehung die höchste Priorität für ihn hätte und er gerne eine Liebesbeziehung finden würde. Das fand ich sehr mutig und ehrlich, besonders von einem Mann, und es beschämte mich auch ein bißchen, denn ich hatte einem anderen Bereich die höchste Punktzahl gegeben. Durch die Offenheit von Ralph wurde ich wieder an meine eigene Sehnsucht nach einer Liebesbeziehung erinnert.

Als wir uns an diesem Tag voneinander verabschiedeten, umarmten wir uns. Das fühlte sich sehr gut an, und ich dachte mir, daß die zukünftige Freundin von Ralph großes Glück haben würde. Am nächsten Abend nach Abschluß des Trainings gingen alle Teilnehmer gemeinsam in eine Diskothek. Hierbei fand ich mich bald mit Ralph Arm in Arm auf einem Sofa sitzend. Auf diese Art saßen wir ziemlich lange, ohne irgendein Wort zu sagen. Die anderen Seminarteilnehmer wunderten sich über uns, und einer sagte, daß wir so friedlich wie ein altes Ehepaar aussehen würden. Es fühlte sich unglaublich vertraut und gut an, mit Ralph zusammenzusein, trotzdem zog ich ihn für mich nicht als einen möglichen Partner in Erwägung. Er war so ganz anders, als alle meine anderen Freunde. Er entsprach einfach nicht dem Typ Mann, auf den ich bisher immer angesprochen hatte. Andererseits war ich sehr interessiert an ihm und auch irritiert darüber, daß unsere körperlichen Begegnungen solch eine tiefe, wohltuende und beruhigende Wirkung auf mich hatten. Jeder von uns beiden ging an diesem Abend alleine nach Hause, aber der Kontakt zwischen uns war hergestellt.

In der folgenden Zeit sahen wir uns manchmal aus geschäftlichen Gründen, und Ralph zeigte offen sein Interesse an mir. Ich brauchte noch etwas, bis ich erkannte und mir eingestand, daß auch ich mich von ihm immens angezogen fühlte und ihn sehr mochte. Schließlich stand Ralph völlig überraschend und unangemeldet eines Nachmittags an einem Sonntag vor mir, um mich zu besuchen – seitdem sind wir als ein Paar zusammen. Von diesem Zeitpunkt an wollten wir so oft wie möglich zusammensein, und wir versuchten uns jedes Wochenende zu sehen, was natürlich wegen der Entfernung Hamburg-Freiburg nicht ganz einfach war.

Unsere Begegnungen wurden von Treffen zu Treffen intensiver und vielschichtiger. Am Anfang stand zwar die körperliche Anziehung im Vordergrund, aber durch viele Gespräche machten wir uns auch mit den Interessen, der Vergangenheit und den Gedanken des anderen vertraut. Es war für mich schon ziemlich verrückt, nach all der inneren Selbsterforschung wirklich einen Mann gefunden zu haben, in den ich nicht nur völlig verliebt war, sondern mit dem ich mich sehr wohl fühlte und all meine Gedanken austauschen konnte. Von Anfang an stand nichts Hinderliches zwischen uns, und es gab auch kein Handikap oder keinen Nachteil. Wir mochten uns, wir wollten zusammensein und waren frei füreinander, wir hatten ähnliche Interessen, und wir fanden es spannend, wie der andere über bestimmte, uns wichtige Dinge dachte.

Schnell entdeckten wir viele Gemeinsamkeiten und doch waren wir zwei ganz unterschiedliche Menschen in der Art und Weise, wie wir fühlten und dachten. Dadurch war es besonders interessant, Gespräche zu führen, denn wir überraschten uns gegenseitig mit vielen neuen Aspekten und Ansichten. Trotz unseres Andersseins entstanden zwischen uns keine Spannungen oder Konflikte, weil jeder von uns die Andersartigkeit des anderen vollkommen respektierte, ja sogar liebte. Mit Ralph erlebte ich bereits nach kurzer Zeit eine große Vertrautheit. Er ging auf mich ein, wie ich es bisher noch nie mit einem Mann erlebt hatte. Das berührte mich tief, ja es erschütterte mich manchmal sogar, und ich erfuhr, daß man sich auch an besonders schöne Dinge und Ereignisse erst einmal gewöhnen muß.

Wir genossen es, uns gefunden zu haben und wollten erst einmal gemeinsam in den Urlaub fahren, auch um zu sehen, ob wir uns dann immer noch so interessant finden würden. Eine intensive Zeit sollte beginnen, aber lassen wir zunächst einmal Ralph seine Geschichte erzählen, bevor wir mit unserem weiteren gemeinsamen Leben fortfahren.

Auf der Suche nach der Seelenpartnerin

Ende der 80er Jahre war ich hauptsächlich damit beschäftigt, meine erst vor kurzem begonnene berufliche Selbständigkeit auf stabile Beine zu stellen. Dieser Teil meines Lebens nahm einen Großteil meiner Zeit und Gedankenwelt in Anspruch. Das Thema Partnerschaft und Beziehung hatte ich ins Abseits gedrängt. Es schien mir in diesem Lebensabschnitt unmöglich, mich auf eine Frau einzulassen. Natürlich wurde diese Empfindung durch die Erfahrungen aus früheren Beziehungen, die für mich eher anstrengend als aufbauend gewesen waren, unterstützt.

Durch meine Verschlossenheit gegenüber einer Liebesbeziehung war ein Teil von mir zu kurz gekommen, was ich lange Zeit nicht wahrhaben wollte und konnte. Trotzdem hatten sich aber immer wieder Gespräche mit engeren Freunden zu diesem Thema ergeben und ohne daß mir dies richtig bewußt gewesen war, hatte sich in mir ein Wunsch nach einer harmonischen Beziehung kristallisiert. Als Höhepunkt dieser Entwicklung saß ich eines Abends in meinem Büro und fühlte, daß ich jetzt sofort eine Freundin haben wollte. Die Intensität und Stärke meines Wunsches überraschte mich, und er schien mir in diesem Moment wichtiger als alles andere in meinem Leben.

Noch am selben Abend machte ich mich auf den Weg, um eine Freundin zu finden. Leider war der Tag, an dem sich dieses starke Bedürfnis in mir äußerte, ein Wochentag, so daß in der Diskothek, die ich aufsuchte, nicht allzuviel los war. Ich wollte aber nicht wieder gehen und blieb trotz der gähnenden Leere dort, in der festen Erwartung, sofort die richtige Frau kennenzulernen. Darüber, wie meine Freundin sein sollte, hatte ich mir keine großen Gedanken gemacht. Ich wollte eine hübsche, gut aussehende Freundin finden und meinte, daß das für mich leicht möglich sein müßte.

Obwohl die Diskothek relativ leer war, entdeckte ich schließlich doch noch die Frau, die mir die Richtige zu sein schien. Sie arbeitete damals dort, und da wir uns schon vorher kennengelernt hatten, war es nicht schwierig, den ersten Kontakt herzustellen. In unserem Gespräch erfuhr ich, daß sie sich gerade von ihrem langjährigen Freund getrennt hatte. Ich fand sie attraktiv und hatte in gewissem Sinne mein erstes Ziel erreicht, eine hübsche Frau zu finden, die ich mir als Freundin vorstellen konnte.

Doch bereits bei dieser ersten Begegnung zeichneten sich Schwierigkeiten ab, die verhinderten, daß wir leicht zusammenkamen. Meine neue Wunschpartnerin hatte sich zwar von ihrem langjährigen Freund getrennt, sich aber gleichzeitig in einen anderen Mann verliebt, der seinerseits mit ihr keine feste Partnerschaft eingehen wollte. Das klang etwas kompliziert, schien mir aber kein Hinderungsgrund zu sein, sie für mich zu gewinnen. An diesem Abend entschied ich, daß diese Frau genau die Richtige für mich war.

Durch diese Entscheidung wurde ich mit der äußeren und noch viel stärker mit meiner inneren Realität zum Thema Partnerschaft konfrontiert, denn der Versuch, mit ihr eine Liebesbeziehung einzugehen, sollte sich schwieriger und komplizierter gestalten, als ich anfänglich erwartet hatte.

Bei unseren nächsten Treffen kam ich nicht wirklich voran, da sie im Kopf immer noch mit ihrem ehemaligen Freund beschäftigt war. Trotzdem blieb ich hartnäckig am Ball. In dieser Zeit mußte ich mich immer wieder fragen, ob ich unbedingt mit ihr zusammensein wollte, oder ob ich sie mir vielleicht nur ausgesucht hatte, weil ich sie im Moment nicht erreichen konnte. Ich prüfte und hinterfragte meine Motivationen fast täglich, und Gespräche mit Freunden halfen mir, einerseits die Situation klarer zu sehen und andererseits für meine Wünsche zu gehen und sie mir einzugestehen. Von Anfang an wurde ich in großem Maße mit meinen Vorstellungen über eine Partnerschaft konfrontiert.

Plötzlich schien mir meine Arbeit und mein Beruf, all das, worauf ich mich Monate und Jahre vorher ganz konzentriert hatte, relativ unwichtig, nebensächlich und uninteressant. Natürlich hätte ich all diese Gefühle und Gedanken auch verdrängen können, um meine gewohnten Lebensumstände und -gewohnheiten und meine berufliche Position nicht zu gefährden. Es fühlte sich für mich aber richtiger an, meinen inneren Impulsen zu folgen und herauszufinden, ob es mir gelingen würde, eine glückliche Beziehung einzugehen.

In den Monaten vorher hatte ich einige Geschäfte erfolgreich abgeschlossen, so daß eine kurze berufliche Pause kein großes Problem darstellte. Meiner Arbeit konnte ich in diesen Wochen nur noch nebenbei nachgehen, denn ein Großteil meiner Aufmerksamkeit kreiste meistens um das für mich jetzt wichtigste Thema, wie ich meine „Auserwählte“ zu meiner Freundin machen konnte.

Ich folgte allen meinen Impulsen, auch wenn sie noch so verrückt waren und rief sie zu den unmöglichsten Zeiten an, besuchte sie oder lud sie zu irgendetwas ein. Da dies alles nicht wirklich fruchtete, fragte ich sie spontan, ob sie mit mir in Urlaub fahren würde, zu dem ich sie einladen wollte. Nach einigem Hin und Her willigte sie ein, und bereits ein paar Tage später fuhren wir los.

Natürlich fielen mir all diese Verrücktheiten nicht leicht, und es war für mich immer wieder eine Herausforderung, auf meine Wunschpartnerin zuzugehen. Schrittweise lernte ich, mich ihr gegenüber auszudrücken, was ich nicht gewohnt war, da ich lange Jahre nicht in einer Partnerschaft gelebt hatte. Am Anfang war das schwierig für mich, denn ich mußte feststellen, daß ich oft unsicher war. Ich erkannte, daß ich mich in Beziehungsangelegenheiten einfach nicht sehr gut auskannte und dadurch mit vielen für mich neuen Themen konfrontiert war. Ich kam mir manchmal ziemlich idiotisch vor. Ein nicht ganz einfacher Prozeß für einen erwachsenen Mann!

In unserem gemeinsamen Urlaub lernten wir uns zwar besser kennen, ein Paar wurden wir aber nicht. Dies ging nicht nur von ihr aus, auch ich ließ eine enge Begegnung in entscheidenden Momenten nicht zu. Die Spannung, die dadurch zwischen uns herrschte, konfrontierte mich immer mehr mit der Frage, was ich mir überhaupt von einer Beziehung mit einer Frau wünschte. In jedem Fall wollte ich mehr als nur Sex, das wurde mir schnell klar. Das enge Zusammensein in dem Urlaub spiegelte mir aber auch viele meiner alten Verhaltensweisen im Bereich von Partnerschaft wider. In gewisser Weise kam ich mir wieder vor wie ein

Teenager, der seine ersten Gehversuche im Bereich von Partnerschaft und Sexualität macht.

Im Laufe der gemeinsam verbrachten Zeit verstand ich langsam, daß ich durch mein Auftreten und die Einladung zum Urlaub in meiner Wunschpartnerin ein bestimmtes Bild von mir kreiert hatte. Ich repräsentierte so etwas wie den gut verdienenden, flippigen Yuppie, der ganz nett war. Aber auch ich hatte ein Wunschbild vor Augen gehabt, als ich mir meine mögliche Partnerin ausgesucht hatte, das sich in erster Linie auf ihr Aussehen und einen Teil ihres Verhaltens bezog.

Ich hatte den Eindruck, daß wir beide eine Rolle spielten und immer, wenn wir uns in diesem Zusammenwirken näherkamen, verschloß ich mich an einem gewissen Punkt. Ich fühlte mich in meiner Rolle nicht wohl und stellte fest, daß ich nicht mit einer Beziehung zufrieden war, in der ich nur in einer bestimmten Funktion akzeptiert wurde und in der ich mich nicht als ganzer Mensch geliebt fühlte. Solche Situationen hatte ich bereits in meiner Pubertät und in früheren Partnerschaften durchlebt. Zuerst dachte ich, daß ich einfach nur blockiert sei, weil ich es nicht zu einem wirklichen Kontakt kommen ließ. Erst mit der Zeit wurde mir klar, daß es mir wichtig war, zu lieben und auch ganz geliebt zu werden.

Am Anfang, als ich den ersten Impuls in Richtung Partnerschaft wahrnahm, stand das Aussehen und die Sexualität im Vordergrund, das dachte ich zumindest. Dann begriff ich, daß ich mir aber auch eine Beziehung wünschte, in der ich meine Gefühle, Wünsche und Bedürfnisse offen zeigen und leben konnte. Ich versuchte, diesen Wunsch mit der Frau, die ich für die Richtige hielt, umzusetzen und stellte fest, daß ich erst einmal lernen mußte, meine Gefühle und

Wünsche gegenüber einer Partnerin offen auszudrücken. Obwohl ich mit meiner Wunschpartnerin weder in dem gemeinsamen Urlaub noch danach wirklich zusammenkam, war die Zeit, in der ich versuchte, eine Beziehung mit ihr aufzubauen, für mich sehr wichtig. Gerade das, was uns nicht zusammenkommen ließ, zwang mich dazu, mich genauer zu hinterfragen, was ich mir von einer Partnerschaft wünschte. Ich versuchte, meine sich verändernde Wahrnehmung direkt in diese „Beziehung" einzubringen. Daß dies oft nicht ging oder schwierig war, forderte mich heraus, mich trotz dieser Schwierigkeiten auszudrücken und noch genauer herauszufinden, was ich wollte und was nicht.

Es war eine aufregende Sache, einer Beziehung hinterherzulaufen, die nie wirklich stattfand. Ich brauchte einige Monate, bis ich langsam verstand, daß das, was ich am Anfang als das wichtigste Auswahlkriterium für meine Partnerin angesehen hatte, nämlich ihr Aussehen, für eine Beziehung nicht wirklich das entscheidendste war und daß bei meiner Wahl viele weitere Faktoren eine Rolle gespielt hatten, die mir nicht bewußt gewesen waren.

In dieser Phase entdeckte ich in mir alte Gefühls- und Gedankenmuster, die ich zum Teil schon seit vielen Jahren zum Thema Partnerschaft in mir hatte. Ich erkannte z.B., warum ich mir eine potentielle Partnerin ausgesucht hatte, die nicht frei für mich war und mich nicht wirklich lieben konnte. Jahre vorher hatte ich bereits an einer Primärtherapie teilgenommen, in der mir viele Gefühle und Gedanken aus meiner Kindheit bewußt geworden waren. Aber jetzt stiegen weitere Gefühle und Gedanken in mir hoch, die mit Beziehungen zum anderen Geschlecht zu tun hatten. Ich durchlebte Zeiten meiner Kindheit und Pubertät und stellte fest, daß ich unbewußt in all meinen bisherigen Beziehungen immer davon ausgegangen war, daß ich nicht vollständig geliebt werden könnte und daß ich in einer Beziehung nicht alle meine Wünsche und Vorstellungen ausdrücken dürfte. Ich erkannte, daß ich geradezu erwartete, daß eine Beziehung mit einer Frau eher von Kampf und Konflikt und nicht von Liebe geprägt ist, was ich in meiner Kindheit durch meine Eltern vorgelebt bekommen hatte. Ich verstand dadurch, daß ich mir meine Partnerinnen dementsprechend ausgewählt hatte. Ein bestimmtes Aussehen war mir auch für meine jetzige Wunschpartnerin wichtiger gewesen, als z.B. ihre Fähigkeit und Bereitschaft, mit mir eine wirkliche und tiefe Liebesbeziehung einzugehen.

Damit mich eine Partnerin aber so lieben konnte, wie ich war, mußte ich bereit sein, ihr mein ganzes Wesen zu zeigen. Die Liebe füreinander, das empfand ich jetzt immer mehr, konnte die Basis dafür sein. Ich war damals willens, mich diesen neuen Erkenntnissen zu stellen, denn ich wollte alles dafür tun, damit ich frei sein konnte von alten Blokkaden und unrealistischen Vorstellungen, die eine harmonische Beziehung verhinderten. Ich hatte mich entschieden und wollte alle Schwierigkeiten meistern, denn ich wünschte mir eine schöne Partnerschaft mit einer Frau, mit der ich alle Bereiche meines Lebens teilen konnte.

Neben meinen Bemühungen, eine Beziehung mit einer bestimmten Frau aufzubauen, war ich also mit Erinnerungen, alten Gefühlen und Gedanken und ihrer Verarbeitung beschäftigt. Dies regte mich an, mir über meine wirklichen Wünsche und Bedürfnisse klar zu werden.

In diesen Wochen und Monaten bemühte ich mich darum, alle meine unbewußten Muster und Auswahlkriterien für eine Partnerin zu erkennen. Außerdem versuchte ich herauszufinden, was für mich stattdessen in einer Partnerschaft essentiell war und was ich mir unbedingt wünschte. Gleichzeitig suchte ich weiterhin nach einem Weg, eine solche Beziehung mit meiner Wunschpartnerin aufzubauen. Ich brauchte eine endlose Anzahl an Versuchen, bis ich irgendwann endlich fühlte und verstand, daß dies mit ihr nicht möglich sein würde. Durch sie hatte ich mich jedoch erproben und verändern können, und ich bin heute sehr dankbar dafür.

Nun wünschte ich mir einerseits immer noch eine hübsche und attraktive Freundin, andererseits erkannte ich aber, daß eher emotionale Qualitäten, eine gedankliche Offenheit und vor allem Liebe von großer Bedeutung für eine Partnerschaft waren.

Als ich einsah, daß dies mit meiner bisherigen Wunschpartnerin nicht möglich sein würde, entstand erst einmal eine Leere in mir. Ich war mir nicht sicher, ob es irgendwo eine Frau gab, die sich eine ähnliche Partnerschaft wünschte und offen und bereit für eine solche war. Ich wußte jetzt zwar, daß ich nicht mehr nur nach meinem alten, zum Großteil unbewußten Schönheitsideal suchen mußte, konnte mir aber nicht vorstellen, wo und wie ich eine geeignete Partnerin finden könnte. Dabei hoffte ich natürlich, daß es eine solche Partnerin geben würde und daß diese nicht gerade in der Antarktis oder den tiefsten Dschungeln Afrikas lebte.

Für ein paar Wochen beruhigte sich mein Gefühlsleben, und ich konnte mich wieder ausführlicher um meine beruflichen Aufgaben kümmern. In gewissem Sinne dachte ich, daß mein Wunsch nach einer Liebesbeziehung nicht mehr die vordringlichste Priorität hätte und daß es ja sein könne, daß es entweder noch lange dauern würde, bevor ich eine geeignete Partnerin finden könnte oder daß dies vielleicht auch niemals in diesem Leben geschehen würde. Aber ich war nun ruhiger und zentrierter als in den Monaten davor.

Ein paar Wochen vergingen, bis die Firma, mit der ich zusammenarbeitete, ein Trainingsseminar veranstaltete, an dem ich mit vielen anderen Mitarbeitern teilnahm. Wie Regine bereits beschrieben hat, war das Seminar nicht ausschließlich auf geschäftliche Fragen ausgerichtet, sondern es wurden auch viele andere Themen angesprochen. Als jeder Teilnehmer einzelne Bereiche seines Lebens, wie z.B. beruflichen Erfolg, Freundschaften, Beziehung und Partnerschaft, mit einer Prioritätenskala von 1 bis 10 bewerten sollte, war ich sehr überrascht, daß ich die Kategorie Beziehung und Partnerschaft für mich immer noch am höchsten einstufte. Dadurch wurde mir mein Wunsch wieder klarer und stärker bewußt. In der entspannten Atmosphäre der Gruppe öffnete ich mich deshalb innerlich, um zu schauen, ob ich nicht doch eine Frau kannte, mit der ich eine solche Partnerschaft leben könnte. Zu meiner Überraschung mußte ich mir eingestehen, daß sogar in dem gerade stattfindenden Seminar eine Frau, Regine, anwesend war, mit der ich mir eine Beziehung vorstellen konnte.

Es war schon verrückt, daß ich sie bisher nicht in dieser Form wahrgenommen hatte. In meinem Bewußtsein hatten sich erst kürzlich so viele Dinge verändert und kristallisiert, daß ich jetzt durch all die Erfahrungen der letzten Wochen und Monate bereit geworden war, eine Partnerin nicht nur nach dem Aussehen oder meinen unbewußten Mustern auszusuchen. Nun war ich dazu fähig, den ganzen Menschen zu sehen und in Betracht zu ziehen.

Ich erkannte in Regine eine Frau, die gut aussah, innerlich gewachsen war und mit ihren Gefühlen und Gedanken offen umgehen konnte. Meinem unbewußten Schönheitsideal und meinen alten emotionalen Gewohnheitsmustern entsprach sie nicht, und deshalb hätte ich mich früher wahrscheinlich auch nicht „spontan" in sie verliebt. In der vergangenen Zeit hatte ich jedoch meinen Blick geschult, und so konnte ich jetzt ganz leicht und in einem einzigen Moment erkennen, daß sie eine mögliche Partnerin für mich war.

Während des restlichen Kurses bemühte ich mich darum, mit ihr Übungen machen zu können, um mit ihr in Kontakt zu kommen. Sie ließ dies zu, und die Begegnungen mit ihr fühlten sich gut an. Meine Wahrnehmung bestätigte sich, und wir kamen uns schon während des Kurses näher, aber wir wurden noch kein Paar.

Einige Zeit später nahm ich an einer Messe in meiner damaligen Heimatstadt Hamburg teil. Der Chef der Firma, die auch das Seminar veranstaltet hatte, war zu der Messe angereist. Er war ein guter Freund von mir, und ich erzählte ihm, daß ich in eine seiner Kolleginnen verliebt war. In gewisser Weise verdanke ich es ihm, daß ich mit Regine so schnell zusammenkam, denn er überzeugte mich davon, daß ich mit ihm sofort zu ihr fahren sollte. Die Messe überließ ich meinen Mitarbeitern, und ich fuhr mit ihm nach Freiburg, um Regine zu überraschen und zu besuchen. Wir kamen zusammen und wurden ein Paar.

In den nächsten Wochen fuhr ich oft von Hamburg nach Freiburg, um Regine zu sehen und Zeit mit ihr zu verbringen. Es war sehr schön, eine Partnerin gefunden zu haben, und ich konnte feststellen, daß mich meine Wahrnehmung in dem Seminar nicht getäuscht hatte. Unser Zusammensein war nicht nur physisch schön, sondern ich fühlte mich auch emotional mit ihr sehr wohl, und ich konnte mit ihr über alles sprechen, was mich interessierte. Manchmal war ich sehr überrascht, daß wir in so vielen Bereichen miteinander harmonierten. Von Mal zu Mal entdeckte ich immer mehr, daß wir uns physisch, emotional und mental harmonisch austauschen konnten, und darüber hinaus teilten wir sogar unser Interesse an Meditation und Bewußtwerdung.

Das hatte ich mir gewünscht, eine Partnerschaft, in der wir auch spirituelle Erfahrungen miteinander teilen konnten. Mein Traum, mein Wunsch war wahrgeworden! Ich hatte eine Liebesbeziehung mit meiner Seelenpartnerin gefunden, obwohl ich dieses Wort damals sicher nicht benutzt hätte.

Wir trafen uns regelmäßig, und ich erfuhr, daß Regine sich ebenfalls schon länger nach einer Partnerschaft gesehnt und sich auf eine solche vorbereitet hatte. Als nächstes planten wir einen Urlaub und unsere gemeinsame Zeit begann.

Der gemeinsame Weg

Nach einer langen Zeit der Vorbereitung hatten wir uns also gefunden und verbrachten unseren ersten gemeinsamen Urlaub miteinander. Wir waren beide gespannt darauf, ob es uns gefallen würde, wenn wir ununterbrochen zusammen wären. Es hätte ja sein können, daß einer von uns seine Urlaubszeit eher aktiv und der andere passiv verbringen wollte, aber wir stellten fest, daß wir leicht einen gemeinsamen Rhythmus fanden, ohne daß sich einer von uns verbiegen oder sich etwas versagen mußte.

Es war für uns sehr begeisternd, einen Partner gefunden zu haben, mit dem wir unsere Sexualität, aber auch alle unsere Gedanken und Gefühle teilen konnten. Natürlich fanden wir dies erst Schritt für Schritt heraus, und wir rechneten jederzeit damit, daß der Partner auf das eine oder andere Thema schwierig reagieren könnte. Doch das war nicht der Fall. Wir sprachen über unsere Vergangenheit und mußten feststellen, daß wir viele Einstellungen, Gedanken und Gefühle über grundsätzliche Dinge und Lebensziele miteinander teilten. Es war faszinierend, daß wir uns einerseits sexuell begegnen, aber andererseits z.B. auch gemeinsam meditieren konnten.

Je besser wir einander kennenlernten, desto mehr empfanden wir, daß wir wirklich einen Partner gefunden hatten, mit dem wir all das, was wir uns gewünscht hatten, teilen konnten. Jeder von uns war bereits seit vielen Jahren auf einer spirituellen Suche gewesen und hatte sich auf seine Art darum bemüht, sich selbst zu finden. Wir hatten beide Kurse zur Bewußtseinserweiterung besucht, verschiedene Meditationen praktiziert und tiefe Erfahrungen in diesen Bereichen gesammelt. Jetzt, da wir zusammen waren, konnten wir all diese Erlebnisse, Gefühle, Gedanken und spirituellen Eindrücke miteinander austauschen.

Eines Tages vertraute mir Regine an, daß sie seit längerer Zeit mediale Kontakte zu einem Wesen hatte, das sich Raju nannte. Sie hatte ein paar Wochen gewartet, bevor sie mir von dieser Fähigkeit erzählt hatte und war äußerst gespannt, ob ich ihre mediale Verbindung ernst nehmen oder als Spinnerei beurteilen würde. Ich hatte aber selbst schon die ersten Erfahrungen mit medialen Durchgaben gemacht und war dadurch offen für diese weitere spannende Neuigkeit meiner Partnerin. Bald hielten wir eine erste gemeinsame Sitzung ab, und ich war begeistert von der Energie dieses Lichtwesens.

Nachdem wir aus dem Urlaub zurück waren, reifte in uns beiden immer mehr der Wunsch heran, zusammenleben zu wollen. Sehr schnell fand sich eine Lösung, die sogar beinhaltete, daß wir nicht nur gemeinsam wohnen, sondern auch arbeiten konnten. Die Firma, in der Regine arbeitete, eröffnete in Hamburg eine Marketingabteilung, für die ich die Räumlichkeiten zur Verfügung stellte. Regine wechselte nach Hamburg in den Marketingbereich und zog zu mir in meine Wohnung.

Dadurch verbrachten wir unsere gesamte Zeit miteinander, was wir in vollen Zügen genossen. Wir unternahmen einfach alles gemeinsam und wollten nie ohne den anderen sein. Ein wichtiger Teil unseres Zusammenseins war unter anderem der mediale Kontakt zu Raju. Sehr bald schon war auch ich in der Lage, ihn durch mich sprechen zu lassen, so daß wir unsere Bewußtseinsarbeit mit seiner Hilfe intensivieren konnten. Für uns eröffneten sich Dimensionen, die im Grunde noch weit über unsere schönsten Vorstellungen hinausgingen. Wir beide hatten nun einen Partner, mit dem wir unser physisches Leben, unsere Gefühle und Gedanken und unsere spirituellen Interessen teilten. Zusätzlich eröffnete sich noch die für mich unerwartete Möglichkeit, daß wir uns spirituellen Rat in allen Lebensbereichen von dem Lichtwesen Raju holen konnten.

Nach einem Jahr hatten wir beide das Bedürfnis, eine berufliche Betätigung zu finden, die nicht nur wie bisher dem Geldverdienst dienen, sondern für uns auch einen höheren Sinn haben sollte. Es befriedigte uns nicht mehr, einen Großteil des Tages dem Geldverdienen zu widmen, ohne dabei unser volles Potential zu entwickeln und anderen etwas Wertvolles oder Schönes zu vermitteln. In dieser Zeit kristallisierte sich für mich die Möglichkeit, meine Firma verkaufen zu können. Die Verkaufsverhandlungen waren zum Teil nicht einfach, aber Regine unterstützte mich dabei in großem Maße, indem sie für mich Sitzungen mit Raju abhielt, der mich in dieser Angelegenheit ausführlich beriet.

Einige Monate später war meine Firma verkauft, und wir beide wagten den Versuch, unser Geld mit Tätigkeiten zu verdienen, die uns am Herzen lagen und anderen Menschen bei ihrer Entwicklung helfen sollten. Es war eine äußerst aufregende Zeit. Unser Zusammenleben hatte uns so sehr gestärkt, daß wir gemeinsam Schritte und Veränderungen einleiteten, die wir alleine sicherlich nicht in dieser Form realisiert hätten. Wir bemühten uns intensiv, unsere eigenen Fähigkeiten zu erkennen, zu fördern und auszubauen, um herauszufinden, was wir wirklich tun und wie wir in Zukunft leben wollten. In kürzester Zeit fanden wir die geeigneten Betätigungsfelder.

Ich kam mit Pyramiden in Kontakt und lernte zunächst einmal ihre Wirkungsweise auf den Menschen, auf Wasser, Nahrungsmittel und vieles mehr kennen. Wenig später organisierte ich einen Vertrieb entsprechender Produkte und bot Seminare zu diesem Thema an. Nun lebten wir mit Pyramiden und entdeckten immer mehr ihre Anwendungsmöglichkeiten, und gleichzeitig konnte ich dieses Wissen anderen Menschen vermitteln.

Regine hatte sich in der Zwischenzeit zur Reiki-Lehrerin ausbilden lassen. Sie leitete Reiki-Kurse, malte medial übermittelte Bilder und bot anderen Menschen die Möglichkeit an, sich direkt durch Lichtwesen beraten und unterstützen zu lassen.

All diese großen Veränderungen waren durch unser Zusammensein möglich geworden. Wir halfen und unterstützten uns gegenseitig auf eine Art, die ich vorher nicht für möglich gehalten hatte. Jeder von uns fühlte sich geliebt und konnte seine Liebe mit dem anderen teilen.

Eines Tages verabschiedete sich unser „Freund" Raju von uns und übergab uns an die Gruppe der Weltenhüter, die uns seitdem begleiten und beraten. Mit diesen Wesen des Lichts intensivierte sich noch einmal unser Prozeß der Bewußtwerdung, denn nach ein paar Monaten begannen die

Weltenhüter, mediale Texte an Regine zu übermitteln. Im Laufe der letzten acht Jahre sind auf diese Art und Weise zahlreiche Bücher erschienen. Die ersten Werke der Weltenhüter widmeten sich den Chakren und den Energiekörpern und enthielten Übungen, wie man dieses feinstoffliche Energiesystem auf sehr einfache Weise selbst erforschen kann. Durch die Arbeit an diesen Texten und das Praktizieren der darin enthaltenen Übungen wurden uns innere Zusammenhänge bewußt, die wir nun sehen, verstehen und präzise einordnen konnten. Obwohl jeder von uns schon viele Jahre lang an sich selbst gearbeitet und intensiv meditiert hatte, konnten wir durch diese Unterstützung in Erfahrungsbereiche vordringen, die für uns bisher unerreichbar gewesen waren. Wir wurden immer mehr fähig, alte Wunden in uns zu heilen und Verhaltensmuster und Glaubensstrukturen, die uns behindert hatten, aufzulösen. Dieser Prozeß wurde durch jedes neue Buch der Weltenhüter verstärkt und wir lernten und lernen durch sie immens viel. Darüberhinaus haben wir durch das Erstellen und Publizieren der Bücher eine Arbeit gefunden, die eine wahre Berufung für uns ist und uns sehr viel Freude bereitet.

In einigen wenigen Jahren hatte sich vieles in unserem Leben grundlegend verändert, und die Liebe war der Nährboden, der uns die Kraft und den Mut auf diesem Weg gegeben hat. Wir empfinden unsere Beziehung als eine wahre Seelenpartnerschaft, durch die wir ruhiger, zufriedener und stärker geworden sind. Gleichzeitig ist unser gemeinsames Leben auch eine Herausforderung, uns ständig in allen Bereichen weiterzuentwickeln und zu entfalten. Ganz neue Gefühle, Gedanken und spirituelle Erfahrungen sind Teil unserer Erfahrungswelt geworden, und selbst unser physisches Leben folgt jetzt anderen Rhythmen.

Rückblickend ist es auch heute noch faszinierend für uns, daß wir uns gefunden haben und daß unsere Liebe füreinander unser Leben derartig verändert hat. Wir fühlen uns jeden Tag aufs Neue durch unser Zusammensein reich beschenkt und gesegnet, und wir hoffen, daß die Beschreibung unseres Weges und die folgenden Erklärungen der Weltenhüter den einen oder anderen Leser dazu anregen können, sich ebenfalls auf das große Abenteuer der Liebe einzulassen.

Wie man seinen Seelenpartner findet und erkennt

Die Bedeutung von Beziehungen

Der Mensch steht nicht allein im unendlichen Raum der Existenz. Er hat viele Brüder und Schwestern, und trotzdem kommt es sehr häufig vor, daß er sich einsam und isoliert zwischen all den anderen fühlt. Viele von euch sehnen sich nach einem Menschen, der euch bedingungslos versteht und liebt. Jeder Mensch möchte geliebt, akzeptiert und anerkannt werden. Jeder Mensch möchte Freunde haben, die für ihn da sind. Keiner will sich alleine fühlen. Verbindungen und Beziehungen zu und mit anderen Menschen sind somit ein grundlegendes, essentielles Bedürfnis, das gestillt werden möchte.

In jeder Beziehung vollzieht sich ein Austausch von Energie. Geht eine Beziehung hauptsächlich von einer Person aus, kann kein wirklicher Austausch stattfinden, und früher oder später wird sie scheitern. Es existieren viele verschiedene Arten von Beziehungen – die Geschäftsbeziehung, die Eltern-Kind-Beziehung, die sexuelle Beziehung, die Liebesbeziehung, die freundschaftliche Beziehung oder die Meister-Schüler-Beziehung. In jeder dieser Beziehungen vollzieht sich etwas anderes, aber in allen wird Energie ausgetauscht – ein Geben und Nehmen findet statt. In der Geschäftsbeziehung werden materielle Werte ausgetauscht und bearbeitet, in der sexuellen Beziehung wird körperliche Energie geteilt, in der Liebesbeziehung werden Liebe, Achtung und Mitgefühl erprobt und erfahren, in der freundschaftlichen Beziehung werden gemeinsam positive wie negative Erfahrungen in vielen Lebensbereichen gemacht, in der Meister-Schüler-Beziehung werden spirituelle Werte vermittelt und erlernt. Jedes dieser Beispiele zeigt nur einen Teil des großen Spektrums an Beziehungen auf. Denkt selbst einmal an eure vielfältigen Kontakte. Es gibt bedeutungsvolle Menschen in eurem Leben und andere, mit denen ihr auf rein rationaler und unpersönlicher Ebene in Verbindung steht, aber von einer Sekunde auf die andere kann es sehr wichtig sein, auch mit ihnen einen positiven Kontakt zu haben.

Im Zusammensein mit anderen spielt es eine entscheidende Rolle, welche innere Grundeinstellung man seinen Mitmenschen gegenüber hat. Fühlt sich ein Mensch einsam und isoliert? Hat er die anderen bisher als etwas Bedrohliches in seinem Leben erfahren? Erlebt er die anderen als hilfreich und unterstützend oder als gefährlich? Kann er sich leicht für andere öffnen, oder ist er ihnen gegenüber eher verschlossen? Sieht er die anderen als Freund oder Feind?

Die eigentliche Frage ist somit: Wie fühlt und erlebt sich das „Ich“ eines Menschen im Bezug auf die „Anderen“? Jeder von euch kann einmal auf tieferer Ebene nachforschen, welche innere Einstellung ihr generell, ohne daß ihr Spezifizierungen macht, zu euren Mitmenschen habt. Jeder Mensch hat seine ganz eigene Geschichte und Vergangenheit, die seine Einstellung zu anderen geprägt hat. Tief im

Inneren jedes Einzelnen ist die Summe all der Erfahrungen mit anderen Menschen aus der nahen und der weit zurückliegenden Vergangenheit gespeichert. Dadurch hat sich eine grundlegende Einstellung gebildet, die sich in seinen Gefühlen und Gedanken zeigt.

Es ist also ein Grundbedürfnis jedes Menschen, in Kontakt mit und in Beziehung zu anderen zu stehen, ob dieses Bedürfnis jedoch gestillt wird, hängt von der inneren Einstellung jedes einzelnen ab. Es ist sehr wichtig, sich dieser tiefen inneren Einstellung bewußt zu werden, vor allem, wenn man seine Beziehung zu anderen Menschen ausbauen und verbessern oder seinen Seelenpartner finden möchte. Wir werden den Weg dorthin schrittweise aufzeigen, und die Bewußtwerdung über diese grundlegende Einstellung ist hierbei der erste wichtige Punkt.

Es gibt zwei gegensätzliche Pole in der Einstellung anderen gegenüber, die sich jeweils darin spiegeln, ob man seine Mitmenschen als Freund oder als Feind sieht und erlebt. Anhand dieser beiden Beispiele möchten wir verdeutlichen, wie entscheidend die Einstellung bei der Verwirklichung des Basisbedürfnisses nach Kontakt und Austausch mit anderen ist.

Ein Mensch mit einer positiven Einstellung anderen gegenüber hat es sehr leicht, mit diesen in Kontakt zu kommen. Es ist etwas Selbstverständliches für ihn, das ihm nicht schwerfällt. Er kann Vertrauen in seine Mitmenschen legen, und auch wenn dies einmal mißbraucht wird, hat er bereits so viele positive Erlebnisse gesammelt, daß er deswegen nicht enttäuscht ist. Grundsätzlich hat er keine Angst vor anderen, sondern er ist gerne mit Menschen zusammen und genießt es, mit ihnen Erfahrungen zu teilen.

Einem Mensch mit einer negativen Einstellung anderen gegenüber fällt es eher schwer, mit ihnen in Kontakt zu treten, auch dann, wenn es notwendig ist. Die Gründe für diese Einstellung können mannigfaltig und in schwierigen Erfahrungen in der Kindheit oder im späteren Leben zu finden sein. Dieser Mensch ist entweder sehr zurückhaltend oder aber sehr bestimmend, aber in jedem Fall kann er anderen sein Inneres nicht frei zeigen oder sich offenbaren. Das Vertrauen in andere fehlt völlig, was sich in einem Übermaß an Rückzug oder Offensive zeigt. Der andere wird eher als Gegner oder Feind gesehen und nicht als der „Mit"-Mensch. Die äußere Welt ist für ihn dadurch äußerst bedrohlich und feindselig.

Diese zwei extremen Beispiele zeigen die direkten Auswirkungen von inneren Grundeinstellungen im täglichen Leben. Zwischen diesen beiden Polen gibt es selbstverständlich ein großes Spektrum an verschiedenen Einstellungen. Manche Menschen schaffen sich einen kleinen Kreis von Vertrauten, indem sie z.B. eine eigene Familie gründen, durch die sie ihr Bedürfnis nach Beziehung, Kontakt und Nähe befriedigen, aber alle anderen sehen sie als die feindliche Umwelt an. Andere haben viele Freunde, Bekannte und Verwandte, und es sieht so aus, als ob sie ein Übermaß an Kontakt haben, aber sie lassen niemanden wirklich an sich heran und in ihr Inneres hineinblicken. Obwohl viele äußere Kontakte bestehen, tragen sie trotzdem eine gewisse Angst vor einer tiefen Begegnung in sich.

Jede Beziehung, sei es nun eine Geschäfts- oder eine Liebesbeziehung, wird von dieser grundsätzlichen Einstellung beeinflußt, ja sogar im großen Maße bestimmt. Ein Mensch mit einer negativen Einstellung wird seine Geschäftspartner immer im Griff haben und kontrollieren wollen oder das Schlimmste von ihnen erwarten. In seiner Liebesbeziehung, falls er überhaupt eine zuläßt, wird er dies mit seinem Partner ebenfalls versuchen, oder aber dessen Liebe nicht annehmen können, wenigstens nicht auf Dauer.

Viele Menschen haben sich innerlich abgekapselt. Sie pflegen zwar Kontakte, Kurzbeziehungen und Affären, aber dieser sogenannte Austausch an Energie findet nur oberflächlich statt. Das Grundbedürfnis des Menschen nach Kontakt mit anderen beinhaltet jedoch immer, daß ein wahrer, ein tiefer Austausch an Energie stattfindet. Dies schließt ein, daß Gefühle zwischen zwei Menschen fließen können und dürfen. Erst dieser Punkt macht jede Form von Beziehung, auch die Geschäftsbeziehung, stabil, erfrischend und befriedigend. Eine Beziehung, die ohne einen Austausch von Gefühlen, ohne ein gegenseitiges Sich-Zeigen abläuft, ist niemals befriedigend.

Der Mensch sucht somit nicht nur nach möglichst vielen Beziehungen, Kontakten und Verbindungen, sondern auch nach wahrer Begegnung. Viele Menschen praktizieren ein gewisses „Kontaktesammeln“. Sie pflegen und hegen ihre Bekannten, sie haben lange Adresslisten von all ihren Freunden, und trotzdem fühlen sie sich im Grunde ihres Herzens einsam. Das Kennen vieler Menschen und das Auf- und Ausbauen von Verbindungen gibt vielleicht eine gewisse Sicherheit, aber noch keine Befriedigung. Diese Menschen werden immer weiter Verbindungen und Beziehungen sammeln und sich irgendwann wundern, daß sie trotz ihres großen Bekanntenkreises doch keine wahren Vertrauten haben. Der Aufbau vieler Kontakte ist zwar hilfreich im Geschäftsleben, aber auch dort gilt, daß erst eine emotionale Verbundenheit wirklich stabile Bande knüpft.

In allen zwischenmenschlichen Beziehungen spielt also der Gefühlsaustausch eine große und wichtige Rolle. Denkt an die Beispiele, die wir aufgeführt haben und ihr werdet sofort zustimmen: Für die Geschäftsbeziehung haben wir dies bereits erläutert, eine sexuelle Beziehung wird nur Bestand haben, wenn auch emotionale Übereinstimmung besteht, in der Eltern-Kind-Beziehung ist die Liebe das Fundament für eine harmonische Entwicklung des Kindes, in einer Liebesbeziehung stehen Gefühle grundsätzlich an erster Stelle und eine Meister-Schüler-Beziehung funktioniert nur, wenn das Gefühl der spirituellen Liebe fließen und wachsen kann.

Das Gebilde menschlicher Beziehungen ist äußerst komplex, und ein harmonisches Funktionieren ist von vielen Faktoren abhängig. Das Grundbedürfnis nach Kontakt beinhaltet, daß man nicht nur andere Menschen kennen, sondern sie auch berühren, fühlen und erkennen möchte, ebenso wie man selbst berührt, gefühlt und erkannt werden möchte. Dies ist zunächst ein Grundbedürfnis, das nichts darüber aussagt, wie man es verwirklicht und befriedigt, denn das ist davon abhängig, wie die innere Einstellung zu anderen aussieht und wie man Gefühle leben und ausdrücken kann. Der heutige Mensch hat Angst vor Gefühlen und tut sehr viel dafür, um sie unter Kontrolle zu bringen und zu halten. Gefühle zu zeigen ist für viele mit Schwäche verbunden, und Schwäche wiederum ist keine anerkannte Qualität und kein anstrebenswertes Ziel in der Gesellschaft. Werden Gefühle unterdrückt, zurückgehalten und kontrolliert, dann wirkt sich das immer auf den Energiehaushalt des jeweiligen Menschen aus. Etwas in ihm kommt ins Stocken und wird blockiert. Seine Energie kann insgesamt nicht mehr frei fließen, und man kann durchaus sagen, daß dieser

Mensch Probleme mit seinen eigenen Gefühlen hat, weil er sich diese nicht zugesteht. Das hat natürlich immer auch Auswirkungen auf sein Zusammensein mit anderen Menschen. Da er Schwierigkeiten mit seinen eigenen Gefühlen hat, kann er diese anderen, wenn überhaupt, sehr schwer zeigen. Der Austausch von Energie zwischen ihm und seinem Gegenüber ist somit eingeschränkt. Je weniger Gefühle offen zwischeneinander ausgetauscht werden, um so labiler wird diese Beziehung sein.

Die Fähigkeit, stabile, harmonische Beziehungen, gleichgültig in welchem Bereich, mit anderen Menschen zu unterhalten, ist im großen Maße davon abhängig, inwieweit ein Mensch zu seinen eigenen Gefühlen steht und sie zuläßt und inwieweit er fähig ist, sie anderen mitzuteilen und zu zeigen.

Die folgenden Fragen sind als eine Anregung gedacht, um sich bewußter über die beiden Themen dieses Kapitels zu werden. Sie unterstützen eine innere Klärung und sollten sorgfältig beantwortet werden.

1. Themenblock:
Die innere Grundeinstellung anderen Menschen gegenüber

1. Wie fühle ich mich in der Gesellschaft anderer Menschen? Fühle ich mich dabei wohl oder unwohl, sicher oder unsicher. Genieße ich sie, oder möchte ich mich am liebsten verstecken?

2. Fällt es mir leicht oder schwer, mit anderen Kontakt aufzunehmen? Besteht dabei ein Unterschied im beruflichen und im privaten Bereich?

3. Erwarte ich von anderen Menschen eher etwas Gutes oder Schlechtes?

4. Wie waren meine bisherigen Erfahrungen mit anderen?

5. Wie viele Freunde habe ich, mit denen ich mich offen austauschen kann?

Fazit: Wie sieht meine innere Grundeinstellung aus?

2. Themenblock: Der Umgang mit Gefühlen

1. Welche Grundeinstellung habe ich gegenüber Gefühlen?

2. Lasse ich meine Gefühle generell zu, oder neige ich dazu, sie unter Kontrolle zu halten?

3. Habe ich Angst vor meinen Gefühlen?

4. Glaube ich, daß in mir dunkle Gefühle sind, die in mir verschlossen bleiben müssen?

5. Welche Gefühle mag und akzeptiere ich? Welche Gefühle lehne ich ab und unterdrücke ich, sobald sie in mir auftauchen?

6. Fällt es mir leicht oder schwer, meine Gefühle anderen zu zeigen und mitzuteilen?

Fazit: Wie gehe ich mit meinen Gefühlen generell um?

Es wird sich lohnen, alle Fragen einmal durchzugehen und aufrichtig zu beantworten, denn diese Arbeit wird euch mehr Klarheit über euch selbst verschaffen, und ihr werdet dadurch erkennen können, wo ihr steht und wo eure Stärken und Schwächen liegen.

Die Voraussetzung, um sich zum Positiven hin formen und verändern zu können, ist immer, daß man Bewußtheit und Klarheit über sich selbst erlangt.

Die Grundlagen einer Liebesbeziehung

Viele Menschen tragen in ihrem Inneren das Ideal von einer wahren Liebesbeziehung, unabhängig davon, ob sie bereits eine Beziehung, Lebenspartnerschaft oder Ehe eingegangen sind. Jeder hat seine eigenen Vorstellungen davon, wie solch eine Liebesbeziehung sein müßte. Meistens werden auf sie alle unerfüllten Sehnsüchte projiziert, und sehr oft soll sie die innere Leere eines Menschen ausfüllen. Was aber macht eine harmonische und glückliche Liebesbeziehung aus? Worauf basiert sie? Wie ist sie sozusagen zusammengesetzt? Was sind die Zutaten für eine glückliche Liebesbeziehung?

Eine Liebesbeziehung zwischen zwei Menschen lebt hauptsächlich vom Austausch der Energie, so wie jede andere Beziehung auch, aber sie braucht besonders das Miteinander, das freiwillige Teilen, das Geben und Nehmen, vor allem das Geben und Nehmen von Gefühlen.

Die harmonische, die ideale, die glückliche Liebesbeziehung lebt vom Austausch der Energie in allen Bereichen – der körperlichen, emotionalen, mentalen und spirituellen

Ebene des Menschen. Eine harmonische Liebesbeziehung zwischen zwei Menschen braucht das Zusammensein auf physischer Ebene, was bedeutet, daß ein Austausch körperlicher Energie gewünscht und praktiziert wird. Das kann viele unterschiedliche Formen annehmen, z.B. der Austausch von Zärtlichkeiten und gegenseitigen Berührungen, den sexuellen Austausch, das gemeinsame Erleben der Natur, das Wandern, das Fahrradfahren, all die alltäglichen Dinge, die das körperliche Dasein mit sich bringt.

Der nächste Bereich im Austausch von Energien zwischen zwei Menschen ist das gegenseitige Zeigen von Gefühlen. Eine Liebesbeziehung funktioniert nur, wenn beide Partner bereit sind, die eigenen Gefühle auszudrücken, zu teilen und zum anderen fließen zu lassen. Es besteht keine Liebesbeziehung, wenn Gefühle ausgeschlossen und z.B. nur körperliche oder mentale Energien ausgetauscht werden.

Eine Liebesbeziehung steht und fällt mit dem Austausch von Gefühlen. Das setzt voraus, daß jeder Partner seine eigenen Gefühle anerkennt, sie fließen läßt und in gewisser Weise auch weiß, wie er mit ihnen umgehen kann. Das Gefühl der Liebe für eine andere Person kann nur entstehen, wenn der Mensch bereit ist, Gefühle zu geben und zu nehmen, zu teilen und auszutauschen. Es kommt sehr oft vor, daß von Liebe zwischen zwei Menschen gesprochen wird und damit Sexualität oder eine andere Attraktion gemeint ist. Liebe ist immer die Essenz einer *Liebes*beziehung, wie das Wort schon sagt. Unter einer Liebesbeziehung wird sehr oft eine sexuelle Beziehung verstanden, aber davon möchten wir uns distanzieren. Wenn wir von einer Liebesbeziehung sprechen, dann ist ihre Basis und ihr Fundament wahrhaftige Liebe.

Eine harmonische, stabile und glückliche Liebesbeziehung lebt natürlich auch vom Austausch mentaler Energie, vom Teilen der Gedanken, der Vorstellungen und Visionen. Gibt es grundsätzlich unterschiedliche Meinungen, Vorstellungen und Wünsche, wie z.B. das Leben gestaltet werden sollte oder welche Ziele im Leben erstrebenswert sind, dann entstehen früher oder später große Schwierigkeiten. Sind beide Partner aber voller Liebe und Aufmerksamkeit füreinander, dann besteht durchaus die Möglichkeit, einen gemeinsamen Konsens zu finden und die unterschiedlichen Vorstellungen und Visionen über das Leben aufeinander abzustimmen. Das ist nur möglich, wenn die Basis, das Fundament wahrhaftige Liebe ist.

Der vierte Bereich des Menschen ist seine Spiritualität. Die Liebesbeziehung zwischen zwei Menschen wird im großen Maße gestärkt und stabilisiert, wenn auch ein gemeinsamer spiritueller Gleichklang besteht.

Es existieren viele unterschiedliche Vorstellungen darüber, wie diese vier Bereiche gelebt werden müßten und sollten, wie der Partner sein sollte und was er in diesen Bereichen geben sollte. Jeder einzelne Mensch hat solche Vorstellungen, die sehr stark von den gesellschaftlichen Normen beeinflußt und beherrscht werden. Jeder Mensch trägt das Ideal von einer Liebesbeziehung in sich, ebenso wie die Vorstellung vom idealen Partner. Somit hat jeder Mensch ein Idealbild von einem Wunschpartner in sich. Dieses Bild ist sehr oft vage und unbewußt, und es wird immer von momentanen gesellschaftlichen Modewellen beeinflußt. Bestehende Ideale sind z.B., daß ein Mann eine bestimmte Größe und einen durchtrainierten Körper haben muß, er sollte eine gewisse gesellschaftliche Stellung durch seinen Beruf erreichen und dies nach außen auch durch Besitztümer, wie ein Auto, präsentieren können. Dieses Bild tragen Männer wie auch Frauen in sich. Die Männer glauben von sich, daß sie so sein müßten, und die Frauen glauben, daß die Männer so sein müßten.

Für Frauen ist es z.B. ebenfalls von großer Wichtigkeit, wie ihr Körper beschaffen ist. Sie müssen zwar nicht besonders groß, aber wohlgeformt sein. Die Proportionen des Körpers müssen der jeweiligen Modeströmung angepaßt sein und wenn dies nicht so ist, wird häufig mit allen Mitteln nachgeholfen. Die sogenannte ideale Frau muß nicht unbedingt Stärke präsentieren, sondern vor allem Weiblichkeit und eine gewisse Nachgiebigkeit, wenigstens in dem unbewußten allgemeinen Bild vieler Menschen. Dieses Bild ist wiederum gleichzeitig in den Männern, wie auch in den Frauen vorhanden. Es ist sehr ausschlaggebend, daß ein Mensch auf körperlicher Ebene attraktiv erscheint, damit er als möglicher Partner in Betracht gezogen wird.

Zum idealen Bild gehört ebenfalls, wie ein Mensch mit Gefühlen umgehen sollte. Eine Frau sollte weich, und wie schon gesagt, nachgiebig sein können, was natürlich mit der Rolle der zukünftigen Mutter zusammenhängt. Es kommt oft vor, daß Frauen von sich denken, sie müßten als eine ideale Partnerin ihre Gefühle zugunsten des Mannes zurückstellen. Männer wiederum erwarten dies oft von ihrer Idealpartnerin. Von Männern wird nicht unbedingt erwartet, daß sie ihre Gefühle ausdrücken können. Es ist kein häufig gewünschtes Attribut, daß Männer weiche, ja schwache Gefühle haben und zu ihnen stehen. Wenn wir von Gefühlen der Schwäche sprechen, dann meinen wir dies nicht negativ, denn sie sind ein Bereich aus dem großen Spektrum der Gefühle. Nach wie vor ist es für Männer sehr schwer, diese Art von Gefühlen, wie z.B. Trauer oder Traurigkeit, die sich in Form von Weinen äußern kann, auszudrücken. Das gilt zunächst einmal alleine für sie selbst und noch schwerer ist es für sie, diese Gefühle anderen zu zeigen, denn in ihrer Vorstellung besteht die Meinung, daß sie dadurch verletzbar wirken.

Bei Frauen werden diese Gefühle viel leichter akzeptiert, ja sie werden manchmal in einer Partnerschaft sogar von Männern erwünscht und erwartet. Durch die Gefühle des weiblichen Partners können sie die eigenen unterdrückten Gefühle über Umwege erfahren und auf eine gewisse Weise auch leben. Lebt ein Partner Gefühle der Schwäche, ist der andere ebenfalls mit den eigenen Gefühlen in diesem Bereich konfrontiert, und er bekommt die Chance, sich mit ihnen auseinanderzusetzen. Es kommt häufig vor, daß sich ein verschlossener, harter Mann mit einer sehr emotionalen Frau verbindet, obwohl es für beide äußerst schwer ist, miteinander klarzukommen und sich gegenseitig zu verstehen. Eine solche Konstellation ist für beide Partner immer eine große Herausforderung.

Natürlich gibt es auch für den dritten Bereich, der mentalen Ebene, häufig vorkommende Vorstellungen darüber, wie der Idealpartner sein müßte. Der Mann sollte immer auch eine gewisse Klugheit und Gewandtheit besitzen, die es ihm ermöglicht, im Geschäfts- und im gesellschaftlichen Leben eine bestimmte Position zu erreichen. Von diesem Mann wird erwartet, daß er ein gewisses Allgemeinwissen besitzt und flexibel in seinen Gedanken ist.

Die allgemeinen gesellschaftlichen Vorstellungen in diesem Bereich über die ideale Frau sind relativ unzureichend und hinken den Vorstellungen über einen idealen männlichen Partner hinterher. Das hat natürlich nichts damit zu tun, daß die Frau nicht genauso klug und gewandt ist, wie der

Mann, aber im Gegensatz zu ihm wird es auch heutzutage noch nicht von einer Frau erwartet, daß sie hohe mentale Qualitäten hat. Das trifft auf die Frauen selbst, wie auch auf das Bild des Mannes von einer idealen Partnerin zu. Häufig wird von einer Frau keine große mentale Flexibilität, kein ausgeprägtes Allgemeinwissen und keine Visionsfähigkeit erwartet, sondern eher, daß sie diese Qualitäten im Manne unterstützt. Sie soll meistens immer noch die emotionale Kraft im Hintergrund sein. Wenn sich Frauen in diese Rolle drängen lassen und sich mit ihr begnügen, entsteht in ihnen ein Ungleichgewicht, denn die Qualität der mentalen Flexibilität besteht natürlich in ihnen genauso wie im Mann. In ihnen ist ebenfalls der Wunsch, diese mentalen Qualitäten zu leben und zu fördern.

Eine Frau, die mental sehr weit ausgebildet und fortgeschritten ist, kann unter Umständen sogar in der Geschäftswelt, die nach wie vor von Männern bestimmt wird, Schwierigkeiten bekommen, und in den Augen dieser Männer werden dadurch ihre fraulichen Qualitäten herabgemindert. Eine Frau, die ihre körperlichen, emotionalen und mentalen Qualitäten gleichmäßig ausgebildet hat und lebt, ist eine große Ausnahme. Frauen lassen sich leider immer noch von einer gewissen Selbstverständlichkeit des Mannes beeindrucken, die besagt, mental stärker als sie zu sein.

All die hier aufgeführten Beispiele sind natürlich gesellschaftliche Normen. Jeder Mensch, ob Mann oder Frau, kann sich von diesen Normen distanzieren. Das gelingt aber erst, wenn man sich darüber bewußt wird, daß sie vorhanden sind und daß man durch sie beeinflußt wird. Jeder Mensch muß selbst entscheiden, ob die gesellschaftlichen Bilder und Normen seiner eigenen Vorstellung und Meinung entsprechen.

Der vierte Bereich, die Spiritualität des Menschen, ist immer mehr in den Hintergrund getreten und spielt in der heutigen Zeit eine unbedeutendere Rolle, da sich der Einfluß der organisierten, großen Religionen zumindest in der westlichen Welt zunehmend auflöst und an Kraft verliert. Meistens ist es nicht mehr ausschlaggebend, wenigstens nicht am Anfang einer Beziehung, welcher Religion oder Glaubensrichtung ein Partner angehört. Heutzutage sind Partnerschaften möglich, die vor zwanzig oder dreißig Jahren noch Probleme wegen unterschiedlicher Religionszugehörigkeiten gehabt hätten. Eine große Veränderung hat sich in den letzten Jahrzehnten in diesem Bereich vollzogen. Nach wie vor gehört es aber zum Idealbild, eine Übereinstimmung in der spirituellen und religiösen Glaubensausrichtung mit dem Partner zu erfahren. Dies steht jedoch an letzter Stelle, da es für viele nicht mehr so entscheidend ist.

Jeder Mensch, ob Mann oder Frau, hat also eine Vorstellung davon, wie sein idealer Partner aussehen und welche Qualitäten er haben sollte. Dieses Bild beeinflußt natürlich die Wahl des Partners, worüber man sich meistens nicht bewußt ist. Somit streben Menschen zueinander, die gewisse Vorstellungen und Bilder darüber haben, wie der Partner zu sein hat, und automatisch projizieren sie diese in gewisser Weise auf ihn.

Trifft ein Mann oder eine Frau auf einen Partner mit den körperlichen Maßen und Qualitäten, die ihrem Idealbild entsprechen, werden sogleich auch die Qualitäten der anderen Ebenen auf ihn projiziert. Viele Menschen gehen davon aus, daß, wenn das Idealbild der ersten Ebene, also des physischen Körpers, von einem Menschen erfüllt wird, gleichzeitig auch die Qualitäten der anderen Bereiche vorhanden sind. Zwei Menschen streben dann zusammen, die von einem Idealbild ausgehen, ohne daß ihnen dies in der Regel bewußt ist. Wie oft kommt es vor, daß ihr im Ansturm einer ersten Verliebtheit denkt, den wahren, den richtigen, den idealen Partner gefunden zu haben? Dieser Überschwang entsteht häufig aus einer physischen Attraktion heraus. Meistens gefällt euch das Äußere eines Menschen oder das, was er in seiner Gesamtheit auszudrücken und zu repräsentieren scheint.

Jeder von euch hat ein Idealbild davon, wie der perfekte Partner sein müßte. Es ist sehr wichtig, daß ihr euch über dieses Idealbild bewußt werdet, wenn ihr eine wahre Liebesbeziehung anstrebt. Ihr müßt in eurem Inneren genau nachforschen, was ihr von einem Partner erwartet und welche Qualitäten von ihm erfüllt sein sollten, damit ihr glaubt, gemeinsam glücklich werden zu können. Warum ist diese Bewußtwerdung so wichtig? Immer, wenn ihr ein bestimmtes Bild in euch tragt und dabei ist es gleichgültig, ob es euch bewußt ist oder nicht, dann seid ihr in gewisser Weise festgelegt. Dieses Bild beherrscht und beschränkt eure Partnerwahl. Das ist ganz einfach zu erklären. Hat in eurem Bild ein Mann eine ganz bestimmte Größe und ein bestimmtes Aussehen, dann werdet ihr nur unter dieser Art von Männern einen Partner suchen. Es kann aber sein, daß euer wahrer Idealpartner, der in allen vier aufgeführten Bereichen perfekt zu euch passen würde, etwas kleiner oder größer ist. Das bedeutet, daß ihr ihn nie finden könnt, da ihr auf ein ganz bestimmtes Aussehen fixiert seid. Das feste Bild verhindert damit ein Treffen und Finden des wahren Idealpartners.

Wir möchten euch hierfür noch ein anderes Beispiel geben. Gehen wir einmal davon aus, daß in eurer Vorstellung ein Mann eine gewisse gesellschaftliche Stellung und einen bestimmten Verdienst haben muß. Das repräsentiert in eurem Unterbewußtsein Stärke und das wiederum erwartet ihr von einem Mann. Gleichzeitig habt ihr aber selbst ein ausreichendes Einkommen und Freude an eurer Arbeit. Ihr selbst lebt bereits diese Stärke, was euch jedoch bei der Partnerwahl nicht bewußt ist. Trefft ihr nun einen Partner, der in allen Bereichen ideal für euch wäre, der nur nicht die berufliche und finanzielle Stellung hat, die ihr von einem Mann erwartet, kommt er für euch von Anfang an nicht in Betracht. Ihr könntet von ihm zwar sehr viel lernen und eine tiefe Liebe erfahren, aber das wird alleine durch ein Wunschbild, auf das ihr fixiert seid, verhindert.

Ein Mensch, der eine glückliche Liebesbeziehung finden und leben will, muß sich seine Idealbilder, die zum großen Teil von den gesellschaftlichen Normen bestimmt werden, bewußt machen und überprüfen, ob sie seiner eigenen Meinung und seinen eigenen Sehnsüchten entsprechen.

Eine glückliche Liebesbeziehung basiert, wie schon gesagt, auf einem harmonischen Austausch von Energien in allen vier Seinsbereichen des Menschen. Häufig kommt es vor, daß zwar eine grundsätzliche Liebe zwischen zwei Menschen vorhanden ist, aber trotzdem einzelne Bereiche unausgewogen miteinander gelebt werden. Es können Mißschwingungen innerhalb der einzelnen Bereiche oder zwischen verschiedenen Seinsbereichen vorherrschen. Eine Mißschwingung innerhalb eines Seinsbereichs wäre z.B., wenn der eine Partner sich nach mehr körperlichen Zärtlichkeiten sehnt und der andere eine ablehnende Haltung dazu hat. Ein anderes Beispiel wäre, wenn ein Partner mental sehr aktiv ist, aber seine Gefühle vernachlässigt und der andere eher emotional ist und einen großen Bedarf an emotionalem Austausch hat. Häufig stellen Partner nach der ersten

Verliebtheit fest, daß sie in der Art, wie sie z.B. mit Gefühlen umgehen oder wie sie das Leben annehmen und sehen, sehr unterschiedlich sind.

Es kommt auch oft vor, daß sich völlig verschiedenartige Menschen wie magisch anziehen und dann nach einer gewissen Zeit feststellen, daß sie im Grunde überhaupt nicht zusammenpassen. Diese Menschen fragen dann: "Warum suche ich mir immer die falschen Partner?" Hier kommen wir nun zu dem nächsten Punkt, der bei der Partnerwahl, neben dem Herausfinden des Idealbildes, zu beachten ist.

Für jeden Menschen ist es prägend, wie die Eltern miteinander umgegangen sind. In jedem Kind wird ein Bild durch das Zusammenleben und den Umgang der Eltern miteinander davon geprägt, was in einer Partnerschaft, in einer Ehe oder in einer Lebensgemeinschaft geschieht. Dadurch bildet sich das Kind seine Meinung, ob es gut oder schlecht ist, ob es erfreulich oder leidvoll ist, mit einem Menschen eine tiefe und enge Verbindung einzugehen. Jedes Kind erfährt intuitiv, wie sich die einzelnen Elternteile mit dem jeweiligen Partner fühlen. Es hört sozusagen die Gedanken der Mutter über den Vater und die Gedanken des Vaters über die Mutter. Es spürt intuitiv, ob Liebe und Verständnis zwischen ihnen vorhanden ist. Fühlt es, daß sich die Eltern grundsätzlich lieben, dann ist es für das Kind nicht erschreckend und schlimm, wenn diese einmal unterschiedlicher Meinung sind und sich streiten. Es ist aber für ein Kind sehr erschreckend, wenn es fühlt, daß keine Liebe mehr vorhanden ist. Die Welt des Kindes, sein kleiner Kosmos wird dadurch in großem Maße bedroht. Ihm kommt es so vor, als ob ihm der Boden unter den Füßen weggezogen würde. Jedes Kind will die Gründe dafür herausfinden, warum Streit entsteht, und es will selbst entscheiden, wo und bei wem der

Fehler liegt. Früher oder später muß es Partei ergreifen, ob es das will oder nicht. Irgendwann wird es entscheiden, ob der Vater oder die Mutter Schuld daran ist, wenn sich beide trennen und seine kleine Welt auseinanderbricht.

Jedes Kind erfährt die Rolle der Frau und des Mannes anders, durch die Art, wie sich die Eltern geben. Dies prägt das Kind für sein späteres Leben, was aber nicht bedeutet, daß man an dieser Prägung nicht arbeiten und sie auflösen kann, falls sich herausstellt, daß sie negativ ist.

Jeder Mensch hat also in der Kindheit eine bestimmte Prägung durch die Eltern erfahren. Diese Prägung beeinflußt ebenfalls die Wahl der Partner. Es kommt sehr häufig vor, daß in der eigenen Liebesbeziehung die gleichen Konstellationen wie in der Partnerschaft der Eltern gesucht werden – im positiven wie im negativen Sinne. Ein Beispiel hierfür ist, wenn die Ehe der Eltern von großen unterschiedlichen Auffassungen über das Leben und vielen emotionalen Spannungen bestimmt war und man dies durch die Wahl eines Partners im eigenen Liebesleben wiederholt. Ein Mann fühlt sich dann angezogen von einer Frau, mit der er die Spannungen, die in der Kindheit zwischen seinen Eltern herrschten, wiederholen kann oder umgekehrt.

Ein anderes, positives Beispiel wäre, wenn die Ehe der Eltern in allen Bereichen des Lebens sehr harmonisch war und eine große Übereinstimmung geherrscht hatte und man sich von einem Partner angezogen fühlt, mit dem man ebenfalls eine harmonische Liebesbeziehung leben kann.

Der Einfluß der Prägung aus der Kindheit ist meistens genauso unbewußt im Menschen vorhanden, wie das Bild vom idealen Partner. Man kann sagen, daß sich die Prägung und das Idealbild, miteinander zu einem großen Bild verbinden. Die Einstellungen aus der gesellschaftlichen Norm vermischen sich mit der Prägung aus der Kindheit und kreieren das ganz eigene, das ganz spezielle Bild eines Menschen, das seine Partnerwahl bestimmt.

Jeder Mensch, der auf der Suche nach einer harmonischen Liebesbeziehung ist, kann also in seinem Inneren nachforschen und sich über sein Idealbild und seine Prägung bewußt werden. Wir sagten bereits, daß diese Bewußtwerdung sehr wichtig ist, denn beide, Idealbild und Prägung, können unter Umständen das Finden eines Partners, mit dem man in allen Bereichen harmoniert, verhindern. Hierfür gaben wir einige Beispiele in bezug auf das Idealbild. Weiterhin bewirken ungelöste Konflikte mit dem Vater oder der Mutter aus der Kindheit, daß Partner ausgewählt werden, mit denen man diese Konflikte erneut kreiert und ausagiert.

Durch diese Art der Partnerwahl wird man laufend mit demselben Konflikt konfrontiert. Dieser kann nur gelöst werden, wenn man sich darüber klar wird, daß man Situationen wiederholt. Die Bewußtheit ist der erste Schritt, den lange zurückliegenden Konflikt zu lösen und frei zu werden von dem Zwang, mit ganz bestimmten Partnern zusammenkommen zu müssen, mit denen man diesen Konflikt wiederholt und noch einmal durchlebt. Warum macht man laufend dieselben Fehler? Warum tappt man wieder und wieder in dieselbe Falle? Dies ist nur möglich, weil man nicht innehält und nachforscht, wo die Gründe dafür liegen könnten, daß man sich z.B. ausschließlich Partner sucht, mit denen man gleiche Enttäuschungen, Schwierigkeiten oder Probleme erlebt.

Erst wenn man bereit ist, in sich hineinzuhorchen und nachzuforschen, wird man auch eine Lösung finden. Ansonsten wird man sich laufend im Kreislauf der Enttäuschung wiederfinden. Auf diese Art sammeln viele Menschen Partner, mit denen sie immer wieder dasselbe erleben, bis sie letztendlich zu der Meinung gelangen, daß es doch besser ist, alleine zu sein, daß es zu schwierig ist, mit einem Menschen Nähe zu erleben oder daß Mann und Frau nicht zusammenleben können. Das ist dann meist der Zeitpunkt, an dem sie sich ganz von einer möglichen emotionalen Verbindung, einem emotionalen Austausch oder von einer wirklichen Erfahrung der Nähe abwenden. Warum leben so viele Menschen heutzutage alleine? Viele tun dies nicht einmal freiwillig, sondern eher notgedrungen, denn sie wissen nicht, was sie noch tun oder wie sie etwas verändern können, damit es für sie möglich wird, bessere Beziehungen einzugehen.

Wie in unserem ersten Kapitel schon angesprochen, ist es ein Grundbedürfnis des Menschen, Beziehungen einzugehen und Nähe mit anderen zu erfahren. Verweigert sich ein Mensch aus Enttäuschung und negativen Erfahrungen heraus die Möglichkeit, eine tiefe Partnerschaft mit einem anderen Menschen einzugehen, dann schneidet er sich damit von einer großen Sehnsucht ab. Etwas in ihm wird sich weiterhin danach sehnen, auch wenn er sich mental entschieden hat, daß er keine Beziehung mehr eingehen möchte. Etwas in ihm wird trotzdem sehnsuchtsvoll pochen und sich erfüllen wollen.

Es ist etwas sehr Natürliches für den Menschen, mit anderen in Verbindung zu stehen und sich auszutauschen. Verneint man die Möglichkeit einer tiefen und innigen Partnerschaft, verneint man gleichzeitig eine Qualität und einen Wesenszug von sich selbst. Es ist für die Entwicklung jedes Menschen entscheidend, harmonische Wege im Umgang mit anderen zu finden. Trägt man z.B. ein Bild von einem Partner in sich, das sehr hochgesteckt ist, das quasi von einem anderen nicht zu erfüllen ist, dann kreiert man dadurch immer Enttäuschung, denn das Bild ist ein Idealbild, das nichts mit der Realität und den Möglichkeiten eines Menschen zu tun hat. Wird man sich z.B. nicht über die Prägung aus der Kindheit durch die Rolle, die der Vater und die Mutter innehatten, bewußt und sucht man nur Partner, die diesem ehemaligen Bild entsprechen, dann kreiert man für sich meist angespannte, leidvolle Situationen.

Nun, ihr könnt bestimmt erahnen, worauf wir durch unsere Erklärungen hinauswollen. Für das Finden eines Partners, mit dem man harmonisch leben kann, ist es wichtig, daß man frei und unabhängig wird von der Prägung durch die Kindheit und von den daraus resultierenden Erfahrungen späterer Beziehungen, ebenso wie von dem Idealbild. Was wollt ihr mit einem Partner oder einer Partnerin, die zwar die körperlichen Maße erfüllen, die in eurer Gesellschaft gerade modern und angesagt sind, mit denen ihr aber in den anderen Bereichen – dem emotionalen, mentalen oder spirituellen – keine Energie in ausgewogenem und erfüllendem Maße austauschen könnt. Ihr habt dann sozusagen den idealen Körper neben euch, aber es mangelt am Austausch von Gefühlen, Visionen und Geist.

Ein Mensch, der sich auf die Suche nach einer harmonischen Liebesbeziehung macht, hat es am leichtesten, wenn er vollkommen frei ist von bestimmten Bildern und Prägungen, wie sein Partner oder seine Partnerin sein müßte. Das heißt, daß er nicht festgelegt ist auf ein bestimmtes Bild und nicht angezogen wird von einer Energie, die eigentlich synchron ist mit den Konflikten seiner Kindheit.

Die wichtige Frage ist also, wie wird man vollkommen frei von diesen beiden wichtigen Fixierungen? Die einzige

Lösung hierfür ist die Bewußtwerdung und die Bereitschaft, an diesem Thema und an diesen Bereichen zu arbeiten. Wir möchten das Kapitel damit beenden, daß wir euch wieder zwei Themenblöcke anbieten, mit denen ihr selbständig arbeiten könnt und die eure Bewußtwerdung über eure inneren Bilder und Einstellungen unterstützt.

1. Themenblock
Das Idealbild

1. Bin ich fixiert auf ein bestimmtes Äußeres? Wie muß oder sollte mein Traumpartner/meine Traumpartnerin aussehen? Welche äußere Erscheinung wirkt auf mich besonders anziehend?

2. Welche emotionalen Qualitäten erwarte ich von einer Frau als möglicher Partnerin oder von einem Mann als möglichen Partner?

3. Wie muß ich mich in einer Partnerschaft als Mann/ Frau emotional verhalten?

4. Welche mentalen Qualitäten muß mein Partner/meine Partnerin erfüllen?

5. Welche mentalen Qualitäten muß ich als Mann/Frau erfüllen?

6. Wie ist mein Partner auf spiritueller Ebene ideal für mich? Spielt seine Spiritualität für mich eine Rolle?

Fazit: Zusammenfassung und allgemeine Beschreibung des Idealbildes.

2. Themenblock
Die Prägung aus der Kindheit

1. Wie war die Rolle meiner Mutter in ihrer Ehe? Wie war ihr Rollenverhalten als Frau? War sie zurückhaltend oder dominant, weich oder hart, bestimmend oder nachgiebig?

2. Wie war die Rolle meines Vaters innerhalb seiner Ehe? Wie war sein Rollenverhalten als Mann?

3. Wie war das Zusammenleben von Mutter und Vater? Harmonisch oder unharmonisch, ruhig oder gab es viel Streit?

4. Was war der markanteste Eindruck von meinen Eltern, der aus der Kindheit übrigblieb?

5. Welche Beziehung hatte ich als Kind zu meiner Mutter? Habe ich mich zu ihr sehr stark hingezogen gefühlt? Gab sie mir Liebe und Schutz?

6. Welche Beziehung hatte ich zu meinem Vater? Habe ich mich zu ihm sehr stark hingezogen gefühlt? Gab er mir Liebe und Schutz?

7. Welchen Elternteil habe ich innerlich grundsätzlich dafür verurteilt, wenn es Spannungen gab?

8. Bestehen Ähnlichkeiten zwischen der Ehe meiner Eltern und meinen Liebesbeziehungen?

Fazit: Zusammenfassung und Beschreibung darüber, wie die Beziehung meiner Eltern auf mich gewirkt hat und welche Rückschlüsse ich daraus gezogen habe.

Seelenpartner

Es war uns wichtig, zunächst die Grundlagen einer Liebesbeziehung darzulegen, bevor wir auf die Seelenpartnerschaft zu sprechen kommen. Auch in der Seelenpartnerschaft gelten die gleichen Grundsätze wie in der Liebesbeziehung, nämlich die Übereinstimmung und der Austausch von Energie in allen vier Seinsbereichen des Menschen.

Was sind Seelenpartner? Wir verstehen darunter Menschen, die sich gegenseitig dazu verpflichtet haben, sich auf der irdischen Reise der Inkarnationen zu unterstützen, füreinander dazusein und an einem gemeinsamen Ziel zu arbeiten. Diese Verpflichtung ist nichts Starres oder Enges, sondern sie entsteht immer aus Liebe heraus. In anderen Worten ausgedrückt kann man auch davon sprechen, daß Seelenpartner ein gemeinsames höheres Ziel verfolgen, bei dem sie sich gegenseitig begleiten und unterstützen und vielerlei Aufgaben füreinander übernehmen, wie z.B. die gegenseitige Erinnerung an dieses Ziel.

Es existieren viele Seelenpartnerschaften auf dieser Erde. Es gibt viele Gruppierungen von Menschen, die sich zu

Seelenpartnerschaften zusammengeschlossen haben. Eine Seelenpartnerschaft kann von zwei Menschen in Form einer Liebesbeziehung oder auch einer Freundschaft gelebt werden.

Im Wort „Seelenpartner" steckt bereits die ganze Erklärung – Seelen haben sich zu einer Partnerschaft verbunden und verfolgen gemeinsam ein höheres Ziel. Was in der Liebesbeziehung noch nicht von so großer Bedeutung war – die spirituelle Übereinstimmung – spielt in der Seelenpartnerschaft sozusagen die entscheidende Rolle. Zwei Seelen verfolgen ein höheres Ziel! Dieses gemeinsame Ziel oder der Weg zum gemeinsamen Ziel kann für jeden einzelnen zwar unterschiedlich aussehen, aber man unterstützt sich, erinnert sich und hilft sich gegenseitig. Die Seelenpartnerschaft, die in einer tiefen Liebesbeziehung gelebt wird, ist die höchste Form aller Beziehungen. So, wie Liebe das höchstschwingendste aller Gefühle ist, ist die Seelenpartnerschaft die höchstschwingendste Form der Beziehungen.

Wie kommt es zum Zusammenschluß von Seelenpartnern? Die Erde ist bevölkert von vielen Gruppierungen von Menschen mit den unterschiedlichsten Bewußtseinsniveaus. Jedes einzelne Mitglied dieser Gruppen hat eine ganz eigene Energie, die die Summe seiner Erfahrungen im körperlichen, emotionalen, mentalen und spirituellen Bereich enthält. Jeder Mensch lebt die einzelnen Seinsbereiche auf seine eigene Art. Jeder ist mehr oder weniger mit der Ausbildung seiner Seinsbereiche beschäftigt, wobei es hierfür relativ gleichgültig ist, ob dies von ihm bewußt oder unbewußt vollzogen wird. Die Ausstrahlung eines Menschen zeigt immer die Summe seiner Erfahrungen und seiner Bewußtseinsentwicklung. Durch diese Ausstrahlung und energetische

Schwingung fügen sich die Menschen in die einzelnen Gruppierungen ganz natürlich ein.

Jeder Mensch hat sich bestimmte Aufgaben vorgenommen, die er in seinem jeweiligen Leben bearbeiten und lösen möchte. Diese Aufgaben können manchmal eine so große Herausforderung an ihn stellen, daß er sie nicht in einem, sondern erst nach mehreren Leben vollkommen lösen kann. Beim Lösen dieser Aufgaben sucht er sich automatisch, und damit meinen wir rein energetisch, ohne daß ihm dies vielleicht ganz bewußt ist, Unterstützung durch andere Menschen – Partnerschaften finden sich. Partner schließen sich bei der Lösung verschiedenster Aufgaben zusammen. Dabei kann es vorkommen, daß die Liebe und die Unterstützung zwischen zwei Menschen so tief und rein und ohne egoistische Absichten ist, daß sie sich im Laufe ihrer Inkarnationen an wichtigen Zeitpunkten innerhalb ihrer Entwicklung immer wieder treffen.

Dieses Treffen löst in ihnen ein gewisses Erinnern an ihre Aufgaben und an ihr höheres Ziel aus, und es unterstützt beide, sich diesem intensiv zu widmen. Die Anwesenheit des anderen gibt ihnen soviel Kraft und Rückhalt, daß sie sich vollkommen diesen Aufgaben hingeben können. Jeder einzelne Seelenpartner kann dann an seinem eigenen höheren Ziel noch intensiver arbeiten und sich mit der Unterstützung des anderen vollkommen in die Erfüllung seiner Aufgabe fallen lassen. Der eine wirkt dabei auf den anderen wie ein Ruhepol, wie die ruhende Kraft im Hintergrund.

Dieses momentane Leben ist nicht eure erste Inkarnation hier auf der Erde. Ihr habt schon viele Male gelebt, euch erprobt und bestimmte Qualitäten und Erfahrungen durchlebt. Jeder von euch hat sich für dieses Leben etwas vorgenommen. Jeder von euch hat ein anderes höheres Ziel und doch habt ihr auch alle ein gemeinsames Ziel. Ihr alle seid vielleicht auf unterschiedlichen millionenfachen Wegen, aber alle führen zum gleichen Ziel.

Es ist die Bestimmung jedes Menschen, sich mit der Quelle des höchsten Lichts, oder in anderen Worten ausgedrückt, mit Gott zu vereinen. Jeder Mensch weiß in seinem Inneren, daß es eine höhere Kraft, eine höhere Macht gibt. Jeder Mensch weiß intuitiv, daß das Göttliche durch alles hindurchwirkt – auch in eure physische Welt hinein. Aber es kommt häufig vor, daß ihr dieses Wissen in den Hintergrund drängt, weil es in die heutige Welt oder in bestimmten Momenten nicht zu passen scheint. Das große letztendliche Ziel, der lange irdische Weg eines Menschen endet immer in der gleichen Erfahrung – der Vereinigung mit dem göttlichen Licht und mit der göttlichen Liebe. Auf dieser Reise müssen viele verschiedene Aufgaben durchlaufen, bewältigt und gelöst werden.

In einer Seelenpartnerschaft spielt die Suche nach dem Licht die entscheidende Rolle, deswegen ist es nicht unbedingt eine Voraussetzung, daß eine Seelenpartnerschaft in einer Liebesbeziehung, wie z.B. in einer Lebenspartnerschaft oder Ehe, gelebt wird. Eine Seelenpartnerschaft kann auch zwischen zwei oder mehreren Menschen existieren, die sich mit Rat und Tat freundschaftlich unterstützend zur Seite stehen, aber in ganz unterschiedlichen Liebesbeziehungen leben.

Die Seelenpartnerschaft, die in einer Liebesbeziehung gelebt wird, ist, wie schon gesagt, die höchste und erfüllendste Form der Beziehungen. Für sie sind neben der spirituellen Dimension natürlich auch all die anderen Bereiche – die körperliche, die emotionale und die mentale Ebene – wichtig. In einer Liebesbeziehung zwischen zwei

Seelenpartnern spielt der körperliche Energieaustausch und das Teilen der Gefühle, Gedanken und Visionen eine große Rolle. Ja, gerade hier ist dieser Austausch von grundlegender Bedeutung, denn wenn sich zwei Seelen treffen, um sich bei ihrem höchsten gemeinsamen Ziel zu unterstützen, müssen auch die höchstmöglichen Gefühle und die gesamte Visionskraft jedes einzelnen aktiviert werden.

Ein markantes Merkmal einer Seelenpartnerschaft zwischen zwei Menschen ist die Ausbildung der Qualität der bedingungslosen Liebe füreinander. Wahren Seelenpartnern ist es nicht möglich, den anderen zu manipulieren und für die eigenen egoistischen Zwecke einzusetzen, auf die Art, wie es sehr häufig in Beziehungen vorkommt. Natürlich bedarf es immer eines gewissen Zeitraums, wenn sich Seelenpartner treffen, bis sie sich aufeinander einstellen und das Wesen des anderen wieder neu erfahren. Es dauert etwas, bis sie erkennen, welche Qualität ihre Beziehung trägt und ausmacht.

Manchmal kommt es vor, daß sich Seelenpartner nach einer sehr langen Zeitspanne treffen und sich intuitiv wiedererkennen. Viele von euch haben schon einmal das Gefühl gehabt, daß euch ein Mensch, den ihr gerade erst getroffen habt, sehr vertraut ist, so als ob er ein alter Bekannter oder Freund wäre. Manchmal geschieht dieses Wiedererkennen auf den ersten Blick, manchmal erst nach einiger Zeit.

Gehen zwei Seelenpartner eine Liebesbeziehung miteinander ein, dann ist dies für sie jedesmal wie eine vollkommen neue Erfahrung, denn sie erleben und erfahren durch den anderen die Qualität der bedingungslosen Liebe. Diese Erfahrung prägt sie für alle ihre weiteren Leben. Die Erfahrung bedingungsloser Liebe innerhalb einer Beziehung ist für jeden Menschen eine große transformierende Kraft.

Die Erfahrung, für den Partner nur das höchste Beste im Auge zu haben und nicht eigene egoistische Wünsche und Zwecke zu verfolgen, setzt in beiden ungeheuer viel Energie frei. Selbst wenn man vorher schwierige oder komplizierte Liebesbeziehungen hatte, wird es in dieser Beziehung möglich, das eigene Ego beiseite zu lassen und Wünsche, Erwartungen und Hoffnungen, die man ansonsten auf die Partner projiziert hatte, zu erkennen und loszulassen.

Für jeden Partner ist dies eine große Erfahrung – für denjenigen, der bedingungslos liebt und freiwillig und ohne etwas zu unterdrücken, eigene Wünsche in den Hintergrund stellt, weil er sieht, was das Beste für den anderen ist, wie auch für denjenigen, der diese bedingungslose Liebe erfährt. Für beide ist dies eine transformierende Erfahrung, und eine enorme Kraft wird dadurch freigesetzt. Großes kann für beide geschehen, denn niemals ist es nur einer, der bedingungslos liebt, immer fließt diese Art der Liebe zwischen ihnen hin und her. Der Wunsch, das Beste für den anderen zu tun, ihn nicht ungerecht zu behandeln oder der Wunsch, sich in den anderen einzufühlen, damit man dessen Verhalten verstehen kann, obwohl es vielleicht sogar einmal verletzend war, all dies sind Eigenschaften, die die Ausbildung der bedingungslosen Liebe unterstützen.

Diese Qualitäten werden natürlich in den verschiedenen Seelenpartnerschaften, je nach Entwicklungsstand der Menschen, unterschiedlich intensiv ausgebildet und gelebt, aber trotzdem sind sie immer mehr oder weniger vorhanden. Die Ausbildung und Förderung der bedingungslosen Liebe verlangt von jedem einzelnen Menschen sehr viel, denn es bedeutet, daß das eigene Ego erkannt und in gewisser Weise auch losgelassen werden muß. Jeder Mensch trägt bestimmte Idealbilder in sich und hat Sehnsüchte und Erwartungen an eine Liebesbeziehung. Diese spielen natürlich auch in eine Seelenpartnerschaft hinein. All diese Sehnsüchte, Erwartungen und Idealbilder verschwinden nicht alleine nur dadurch, daß man seinen Seelenpartner trifft. Nach wie vor sind sie da und bleiben vorhanden. Deswegen dauert es eine gewisse Zeit, bis sich zwei Seelenpartner ganz aufeinander eingestellt haben und bis sie sich ihre Erwartungen und Sehnsüchte gegenseitig mitgeteilt und erfüllt, oder sie auch losgelassen haben, weil sie erkannten, daß sie nicht von Bedeutung sind. Der Austausch von Liebe und von mentaler Energie in Form von Gesprächen und das Mitteilen der eigenen Vorstellungen, wie eine Beziehung zu sein hätte, ist sehr wichtig, damit eine gemeinsame Basis möglichst leicht und problemlos erreicht wird.

Seelenpartner geben sich meist eine tiefe Ruhe, aber gleichzeitig können sie füreinander auch eine große Herausforderung sein. Wenn wir von der Ausbildung der bedingungslosen Liebe sprechen, heißt das nicht, daß nur Frieden und nie Streit, Konflikt oder unterschiedliche Meinungen zwischen beiden Partnern bestehen können. Es soll nicht der Eindruck entstehen, daß zwischen Seelenpartnern „Friede, Freude, Eierkuchen" vorherrscht, wie ihr so schön sagt, was gleichbedeutend wäre mit einer stoischen vorgetäuschten Ruhe, die nur Konflikte verdeckt. Seelenpartner sind in gewisser Weise füreinander die Herausforderung, immer wahrhaftig zu sein und das eigene letztendliche Ziel – die Selbstvervollkommnung – zu verfolgen und im Auge zu behalten.

In diesem Zusammenhang müssen wir noch einen anderen wichtigen Punkt ansprechen. Jeder einzelne Seelenpartner ist in sich komplett und vollkommen. Jeder könnte seinen Weg alleine gehen, und früher oder später würde er auch alleine sein Ziel erreichen. Unter Seelenpartnern verstehen wir keine Menschen, die sich gegenseitig zu einer Einheit ergänzen, so als ob ihnen etwas fehlen würde, wenn der andere nicht da wäre. Natürlich unterstützen sich Seelenpartner gegenseitig, indem sie sich Ruhe und Rückhalt geben. Die Verpflichtung der Seelenpartner ist immer freiwillig und aus Liebe heraus entstanden – sie ist kein Muß. Das Zusammentreffen von zwei Seelenpartnern ist ebenfalls kein Muß für die Vervollkommnung jedes einzelnen. Jeder von ihnen würde auch alleine sein Ziel erreichen.

Ihr könnt das Zusammentreffen von Seelenpartnern als eine Art Geschenk, das man sich gegenseitig gibt, ansehen. Es ist die luxuriöseste Art der Beziehung, mit der herausragenden Qualität der bedingungslosen Liebe. Jedes Mal, wenn sich zwei Seelenpartner treffen, feilen sie ein bißchen mehr an der Ausbildung der bedingungslosen Liebe. Es ist also kein Muß, daß sich Seelenpartner treffen, sondern eher ein Geschenk, das sie sich gegenseitig und natürlich auch sich selbst machen.

Laßt uns wieder auf die Herausforderung zu sprechen kommen. Seelenpartner sind füreinander immer eine Herausforderung in dem Sinne, daß sie sich gegenseitig an ihr gemeinsames Ziel erinnern. Für jeden einzelnen Partner kann dieses Ziel anders aussehen. Es kann sein, daß der eine Partner eine völlig unterschiedliche Qualität ausbilden muß, als der andere. Die Ausbildung dieser Qualitäten sind für sie wichtige Stationen auf dem Weg der Vervollkommnung.

Seelenpartner können sich gegenseitig bei dem Lösen dieser unterschiedlichen Aufgaben unterstützen und helfen, da sie beide in ihrem Wesen und in ihren Auffassungen sehr verschieden sein können. Meistens haben sie auch die unterschiedlichsten Erfahrungen in der Vergangenheit gemacht, aus denen sie Erkenntnisse gezogen haben, die für den Partner vollkommen neu sein können. Deswegen kommt es häufig vor, daß unterschiedlichste Erfahrungen, Wesensqualitäten und Wesenszüge aufeinandertreffen, was bedeutet, daß sich diese beiden Menschen intensiv miteinander auseinandersetzen und beschäftigen müssen. Hierfür ist die bedingungslose Liebe die beste Voraussetzung und das Fundament für gegenseitiges Verständnis. Daraus kann eine enorm große, fruchtbare Zusammenarbeit entstehen. Beide Partner bereichern sich gegenseitig, indem sie ihrem bisherigen Leben neue Aspekte und Ansichten hinzufügen – das Spektrum jedes einzelnen Partners wird dadurch enorm vergrößert. Der Bezugs- und Bewußtseinsrahmen jedes einzelnen dehnt sich aus und erweitert sich, und die Grundlage für viele neue Erfahrungen in allen Bereichen des Seins wird erschaffen. Eine gegenseitige Bereicherung und Befruchtung findet statt.

Wir möchten dieses Kapitel noch einmal zusammenfassen. Seelenpartner sind Menschen, die sich auf ihren irdischen Reisen immer wieder treffen, um sich einen Teil des Weges zu begleiten und zu unterstützen. Jedes Mal, wenn sich Seelenpartner treffen, ist dies für beide ein wichtiger Zeitpunkt, da sie vor einer großen Aufgabe stehen, die sie nun lösen können und wollen. Der Partner wirkt hierbei wie ein unterstützender und ruhender Pol, wobei seine Rolle passiv oder aktiv sein kann.

Seelenpartner müssen nicht unbedingt in einer Liebesbeziehung zusammenleben, sondern sie können auch gute Freunde oder Vertraute sein, die einen kurzen Teil ihres Weges gemeinsam gehen. Nach dem Lösen der wichtigen Aufgabe können beide wieder den Weg für sich alleine gehen.

Wer von euch kennt es nicht, daß plötzlich ein Mensch in euer Leben getreten ist, der eine wichtige Rolle für euer weiteres Vorankommen gespielt hat?

Seelenpartner haben ein sehr großes Interesse an der Entwicklung und am Weiterkommen des anderen. Ein wichtiges und markantes Merkmal einer Seelenpartnerschaft ist die Liebe füreinander. Sie ist die Basis dieser Beziehung, gleichgültig, ob sie in einer Liebesbeziehung oder einer Freundschaft gelebt wird. Seelenpartner bemühen sich aus einem wirklichen Interesse füreinander heraus um gegenseitiges Verständnis. Ihre Liebe, die bedingungslos ist, findet immer wieder Wege zueinander.

Ein zweites Merkmal solcher Partnerschaften ist die Herausforderung, die diese zwei Menschen füreinander darstellen. Diese besteht im gegenseitigen Sicherinnern, worum es ihnen in diesem Leben geht, warum man hier ist und warum man was tut.

Diese Art der Beziehung gründet also auf einer langen und intensiven Partnerschaft, die unter Umständen bereits seit vielen Leben immer wieder eingegangen wurde, um einen Teil des Weges miteinander zu gehen. Seelenpartnerschaften bestehen zwischen vielen verschiedenen Menschen. Es gibt nicht nur *den einen, sondern viele* Seelenpartner.

Jeder Mensch dieser Erde hat seine ganz eigene Bewußtseinsentwicklung durchlaufen, die synchron ist mit vielen anderen Menschen. Gruppierungen haben sich auf dieser Erde herausgeformt und herausgebildet. Ihre jeweiligen Mitglieder stehen alle in Resonanz miteinander. Deswegen ziehen euch manche Menschen besonders an, andere weniger und wiederum andere stoßen euch sogar ab.

Innerhalb dieser Gruppierungen gibt es ganz spezielle und intensive Verbindungen zwischen einzelnen oder mehreren Menschen, die sich gegenseitig dazu verpflichtet haben, sich zu unterstützen. An wichtigen Punkten ihrer Entwicklung finden sie immer wieder zueinander, um sich gegenseitig mit Rat und Tat, mit Liebe und Ruhe zur Seite zu stehen. Diese Menschen nennt man Seelenpartner.

Voraussetzungen für eine Seelenpartnerschaft

In diesem Kapitel möchten wir darlegen, daß bestimmte Voraussetzungen vorhanden sein müssen, damit man seine Seelenpartner auch erkennen oder sogar finden kann. Nach unseren bisherigen Erklärungen könnte der Eindruck entstehen, als ob das Treffen von Seelenpartnern im Grunde ganz automatisch stattfinden würde. Wir möchten in diesem Zusammenhang vollkommen klarstellen, daß für das Treffen und Erkennen von Seelenpartnern bestimmte Voraussetzungen in jedem einzelnen Menschen gegeben sein müssen, damit solch eine fruchtbare und bereichernde Beziehung in das Leben treten kann.

Die erste Voraussetzung: Offenheit gegenüber anderen Menschen

Ein Mensch, der seine Seelenpartner erkennen möchte oder der sogar eine Liebesbeziehung mit einem Seelenpartner anstrebt, muß generell für andere Menschen erreichbar sein. Er darf anderen gegenüber nicht verschlossen sein, ja, in ihm muß eine Offenheit für sie vorherrschen, und er muß ein Interesse an ihnen haben. Ihr Schicksal muß ihn berühren, und er muß ihre Gesellschaft genießen können. Das bedeutet nicht, daß er ein oberflächlicher Mensch ist, der sich in Vergnügen verliert, sondern eher, daß er auf einer tiefen Ebene bereit ist, sich mit anderen auszutauschen. Der Kontakt mit Menschen darf für ihn nicht etwas Bedrohliches sein, vor dem er sich schützen muß.

Heutzutage haben sehr viele Menschen einen Schutzwall um sich herum errichtet, durch den fast niemand, außer vielleicht nur die engsten Verwandten oder Vertrauten, zu ihnen durchdringen kann. Vieles spricht dafür, sich abgrenzen und beschützen zu müssen, da der Betrug an der Menschheit, die Konflikte in der Welt, die Kriege, die Manipulationen laufend voranschreiten. All dies erscheint natürlich bedrohlich. Von großen bekannten Manipulationen und Betrügereien wird automatisch der Rückschluß darauf gezogen, daß dies auch im kleinen Rahmen untereinander geschieht, und viele Ereignisse scheinen euch dies zu bestätigen. Das Vertrauen zwischen den Menschen steht im Moment vor einer großen Prüfung. Alles, was in der Welt geschieht, scheint auf Profitdenken und Manipulation aufgebaut zu sein. Die Erde wird ausgebeutet, indem ihr alle Schätze im großen und im kleinen Stil entrissen werden. Industriekonzerne pumpen das Öl aus ihren Depots heraus, aber auch ein armer Bauer legt im Urwald einen Brand, um eine Fläche zu erlangen, auf der er seine Rinder weiden lassen oder etwas anbauen kann. Das Profitdenken jedes Einzelnen wird immer größer. Jeder glaubt, nur genügend Energie dafür übrig zu haben, um an sich selbst denken und sich um sich selbst kümmern zu können.

In den letzten Jahrzehnten ist es immer wichtiger geworden, den eigenen materiellen Wohlstand aufzubauen, zu erhalten und abzusichern. Dabei ist vieles verlorengegangen und die Menschlichkeit hat Brüche bekommen. Es haben sich neue Werte entwickelt, die in den Vordergrund getreten sind und den größten Teil der Aufmerksamkeit einnehmen. Jeder meint, sich absichern zu müssen. Jeder glaubt, sich etwas aufbauen und erhalten zu müssen. Das Leben erscheint so unsicher, die Welt scheint so im Schwanken zu sein, daß man sich auf einen kleinen, sicheren Rahmen zurückgezogen und beschränkt hat.

Das hat natürlich auch Auswirkungen auf alle Arten der bereits aufgezählten Beziehungen. Freundschaften gehen in die Brüche, weil man den eigenen materiellen Fortschritt oder Vorteil in den Vordergrund stellt. Bekanntschaften werden aufgebaut, weil man sich von ihnen eine Vergrößerung des materiellen Reichtums erhofft. Wenn überhaupt Beziehungen bestehen, dann nur sehr oberflächlich. Wir sprachen schon einmal davon, daß es viele Menschen mit einem großen Bekanntenkreis gibt, der auf sehr instabilem Boden steht. Es sagt noch nichts darüber aus, ob man offen für andere ist, wenn man viele Menschen kennt. Offen für andere zu sein bedeutet, daß man sie an sich heranläßt und sich mit ihnen, je nachdem auf welcher Ebene diese Beziehung besteht, austauschen kann. Deswegen meinten wir, daß man ein wirkliches Interesse an anderen haben und daß man an ihrem Leben teilnehmen muß, genauso wie sie am eigenen Leben teilnehmen dürfen. Viele haben sich aber von ihren Mitmenschen sehr zurückgezogen und erwarten von ihnen eher Unangenehmes als Erfreuliches. Sie sehen die anderen nicht als eine Bereicherung, sondern eher als eine Bedrohung an.

Betrachtet man die Ereignisse mit all den Konflikten, Mißständen, Kriegen und Ausbeutungen, die momentan auf der Erde stattfinden, dann erscheint es, als ob es in den Beziehungen der Menschen grundsätzlich nicht gut aussieht. Es herrschen viele Unstimmigkeiten zwischen unterschiedlichen Gruppierungen, die sich in Glaubenskriegen oder in anderen Streitigkeiten zeigen. Manchmal führen sogar verschiedene Parteien einer Glaubensrichtung Krieg miteinander. Dadurch geraten die Beziehungen zwischen den Menschen vollkommen durcheinander und Nachbarn, die einst gute Freunde waren, töten sich plötzlich gegenseitig.

Die Welt scheint aus dem Gleichgewicht geraten zu sein. Sicherheit scheint es nirgends im Außen zu geben. Deswegen ist die eigene Absicherung plötzlich so wichtig und immens bedeutend. Es ist aber nie eine Lösung, sich von seinen Mitmenschen vollkommen zurückzuziehen und sich in den eigenen vier Wänden einzusperren und zu verschanzen. Daraus resultiert nur eine große Einsamkeit, und die Angst vor den Ereignissen, die in der Welt geschehen, wird nur noch mehr geschürt. Wo soll der Rückzug enden? Mit keinem Menschen mehr zu sprechen, das eigene Haus nie mehr zu verlassen, sich zwischen den Menschen zu bewegen, aber für sie nicht erreichbar zu sein? Nein, das ist keine Lösung, sondern eher der totale Stillstand. Ja, die Welt erscheint bedrohlich, wenn man sich erst einmal mit all den Ereignissen auseinandersetzt, aber die Lösung liegt nicht in Abgrenzung. Die Lösung findet sich immer darin, weiterhin Offenheit und Vertrauen in das Gute zu haben.

Jeder Mensch muß sich heutzutage entscheiden, worauf er sein Augenmerk richten will – auf das Gute oder Schlechte, in einfachen Worten ausgedrückt. Es gibt genügend Vorkommnisse, die es rechtfertigen würden, zu sagen: „Die

Welt und die Menschen sind schlecht. Ich muß mich vor ihnen beschützen, indem ich mich von ihnen vollkommen abwende.“ Es gibt aber auch genügend Vorkommnisse, die den folgenden Rückschluß zulassen könnten: “Ich sehe und erkenne das Gute in vielen Menschen. Ich sehe ihre Liebe und ihre Bemühungen, und ich reihe mich in diese Gruppe ein. Ich trage Vertrauen in mir.“

Jeder Mensch, der seine Seelenpartner finden und erkennen möchte, muß also anderen Menschen gegenüber eine Offenheit in sich tragen. Das bedeutet nicht, daß er sich vor denjenigen, die negatives Verhalten an den Tag legen, nicht beschützt oder sich nicht von ihnen abgrenzt. Grundsätzlich müssen ihn jedoch andere Menschen erreichen und berühren können. Er darf keinen Schutzwall um sich herum aufgebaut haben, durch den niemand durchdringen kann.

Wie könnte es auch anders sein? Wie sollte ein Seelenpartner diesen Schutzwall durchdringen, wenn alle anderen ihn auch nicht durchdringen können. Ein Seelenpartner ist ein Mensch wie jeder andere auch. Ein Seelenpartner ist kein Übermensch oder ein Superwesen, das den anderen vollkommen verändern oder etwas in ihm erreichen kann, was bisher vollkommen unmöglich war. Ein Mensch, der einen Schutzwall um sich herum aufgebaut hat, kann von seinem Seelenpartner auch nicht erreicht werden. Das schließt die Möglichkeit ein, daß sich vielleicht zwei Menschen treffen, die sich gegenseitig sehr viel Unterstützung und Liebe bieten könnten, aber eine wirkliche Begegnung wird verhindert, da sich einer von ihnen völlig abgekapselt hat und sich nicht öffnen kann. Dies ist sehr tragisch, denn es kommt ja nicht so häufig im Leben vor, daß sich Seelenpartner treffen. In diesem Fall treffen sie sich dann zwar, aber sie gehen aneinander vorbei. Der eine von ihnen erkennt den anderen, dieser läßt ihn aber nicht an sich heran. In einem anderen möglichen Beispiel erkennen sich beide sogar gegenseitig, aber einer von ihnen hat sich bereits seit langem so stark in seinen eigenen inneren Mauern verschanzt, daß es ihm nun nicht mehr möglich ist, sich selbst für seinen Seelenpartner zu öffnen. Die Angst in ihm ist zu groß. Dies ist der traurigste Fall.

Die Fragen über die innere Grundeinstellung anderen Menschen gegenüber, die wir in unserem ersten Kapitel an euch gestellt haben, haben also eine tiefe Bedeutung für jeden Menschen, der seine Seelenpartner finden und erkennen möchte. Diese Fragen sind wichtig, damit ihr euch zunächst einmal darüber bewußt werdet, wie diese grundsätzliche Einstellung ist, damit ihr sie auflösen, regulieren oder verändern könnt, falls ihr entdeckt, daß sie negativ ist. Ein generelles Mißtrauen gegenüber anderen Menschen ist nie von großem Vorteil, denn es verhindert, daß man das Leben gemeinsam mit ihnen genießen und sich auf dieser Erde sicher fühlen kann. Vertrauen in andere legen zu können, bedeutet auch immer, daß man Vertrauen in sich selbst trägt. Hat ein Mensch Vertrauen in sich und seine eigenen Fähigkeiten, dann kann er dieses Vertrauen auf andere übertragen. Das heißt nicht, daß er dies blind tut, sondern daß er erkennt, wo er wirkliches Vertrauen haben kann und wo nicht. Es kommt immer wieder vor, daß Vertrauen mißbraucht wird. Das hat meistens etwas damit zu tun, daß diejenigen, die Vertrauen mißbrauchen, nicht genügend Vertrauen in sich selbst und in die Existenz haben und meinen, diese manipulieren und kontrollieren zu müssen.

Ein Austausch an Energie mit anderen muß also stattfinden können, damit der Seelenpartner in das Leben treten kann.

Die zweite Voraussetzung: Die Bereitschaft zu lieben und geliebt zu werden

Ein Mensch, der seinen Seelenpartner nicht nur treffen, sondern mit ihm auch in näherem Kontakt sein oder sogar eine Liebesbeziehung mit ihm eingehen möchte, steht immer und in vielerlei Hinsicht, vor der Herausforderung der Liebe. Deswegen müssen wir zunächst einmal generell auf die Qualität und die Faktoren der Liebe näher eingehen. Die Liebe ist ein großes Bedürfnis aller Menschen. Jeder möchte geliebt werden und doch haben viele Menschen auch Angst davor.

Liebe schließt für uns immer die Selbstliebe und die Nächstenliebe mit ein. Ein Mensch, der sich selbst nicht liebt, kann auch andere nicht bedingungslos lieben. Was ist die Qualität der bedingungslosen Liebe? Sie nimmt den anderen immer so, wie er ist und erwartet nichts von ihm. Durch die bedingungslose Liebe wird es möglich, das eigene Ego in den Hintergrund zu stellen oder sogar über das eigene Ego weit hinauszugehen. Liebe ist eine transformierende Kraft, wenn sie aktiviert wird. Leider verknüpft ihr Liebe meistens mit anderen: Jemand liebt eine andere Person oder man selbst wird von einer anderen Person geliebt. Die Liebe findet für euch immer mit einem anderen Menschen statt. Darauf wird das Hauptaugenmerk gelegt.

Das Geheimnis wahrer Liebe liegt aber darin, daß der Liebende zunächst einmal die Liebe zu sich selbst erfahren haben muß. Das Geheimnis der Liebe liegt im ersten Schritt der Selbstliebe. Was bedeutet Selbstliebe? Euch fällt es meistens leichter, andere so anzunehmen, wie sie sind, als euch selbst. An anderen nehmt ihr viel mehr hin, als an euch selbst, denn ihr habt euch selbst gegenüber eine sehr kritische Haltung, und vieles an euch gefällt euch nicht. Ihr meint, daß euch ganz bestimmte Qualitäten fehlen – im körperlichen, emotionalen, mentalen oder spirituellen Bereich. Daraus resultiert immer ein gewisses Mangelbewußtsein.

Viele Menschen genügen sich nicht selbst und glauben, diesen Mangel durch andere ausgleichen zu können. Der andere wird dann zum Ersatz für die Eigenschaften, von denen man meint, daß sie dem eigenen Wesen fehlen. Das, was zu fehlen scheint, wird auf den anderen projiziert. Das ist aber keine Garantie dafür, daß der andere diese Qualitäten wirklich besitzt. Daraus entstehen immer konfliktreiche Situationen. Hat man z.B. das Gefühl, daß man nicht schön genug, weit genug, klug genug oder spirituell genug ist, dann kritisiert man sich selbst ständig und man setzt sich selbst unter Druck. Man gibt sich das Gefühl, daß man nicht in Ordnung ist, so wie man ist. Laufend müßte man anders sein, als man wirklich ist – besser, weiter, klüger, schöner – immer wieder geht man über sich hinweg. Man ist auch nicht bereit, sich damit auseinanderzusetzen, was man dadurch eigentlich tut. Man hat von sich selbst nur ein Idealbild vor Augen, das mit der Realität unter Umständen überhaupt nicht übereinstimmt. Das kreiert immer großes Leid, großen Druck, große Anspannung, und es ist immer ein Ausdruck von mangelnder Selbstliebe. Ein Mensch, der sich nicht selbst liebt, versucht dies meistens durch einen anderen Menschen auszugleichen. Er versucht, diesen Mangel an Liebe von anderen zu bekommen. Das muß von vornherein fehlschlagen, denn ein anderer kann niemals einen Mangel an Selbstliebe ausgleichen.

Das Suchen der Liebe in den anderen oder über die anderen ist, im wahrsten Sinne des Wortes, ein sehr schwieriges Unternehmen. Dieses Suchen verhindert, daß man den anderen im vollen Umfang wirklich sehen kann. Der eigene Mangel an Selbstliebe trübt immer den Blick und projiziert oft etwas auf andere, das diese gar nicht sind oder haben. Eigentlich muß das Suchen der Liebe in einem anderen Menschen immer fehlschlagen, wenn man nicht bereit dazu ist, die Liebe auch in sich selbst zu erfahren. Hinzu kommt, daß man sich dadurch unterschwellig das Gefühl gibt, ein Bittsteller zu sein, weil man glaubt, daß einem etwas fehlt, das man vom anderen haben möchte. Man ist dann immer in einer untergeordneten und der andere in einer übergeordneten Position.

Diese Art von Beziehung kommt sehr häufig vor und hat meistens große Auswirkungen. Es kann im schlimmsten Falle so weit kommen, daß ein Mensch, der sich selbst nicht liebt, es sich mit der Zeit nicht mehr vorstellen kann, daß andere ihn mögen oder daß er ihre Liebe verdient hätte. Deswegen schließt er für sich eine glückliche Liebesbeziehung vollkommen aus. Er trennt sich somit von der Liebe ab – von der Liebe für sich selbst und auch davon, daß Liebe von einem anderen zu ihm fließen kann. Das ist sozusagen der schlimmste Fall. Das absolute Abtrennen von der Liebe ist der „Supergau“ in der Gefühlswelt.

Die Basis der Liebe ist also immer zunächst einmal die Selbstliebe. Der erste Schritt hin zur Liebe liegt in der Selbstliebe. Was bedeutet das, wie sieht dies aus? Ein Mensch, der bereit ist, sich selbst zu lieben, erkennt all die Ablehnung und Kritik, die er gegenüber sich selbst hat. Er fühlt, wie weh es tut, sich nicht so anzunehmen, wie man ist. Ob man nun dick oder dünn ist, ob man sehr gefühlvoll oder eher mental orientiert ist, ob man kreativ ist oder sich eher mit bodenständigen Dingen befaßt, ein Mensch, der sich selbst liebt, akzeptiert das, was er in sich vorfindet.

Ein Mensch, dem z.B. auffällt, daß er bestimmte Gefühle ablehnt und unterdrückt, erkennt durch die Selbstliebe, daß er ihnen Raum geben muß, um emotional leichter und glücklicher zu werden. Auch wenn es ihm schwerfällt, diesen Gefühlen Raum zu geben und ihnen Ausdruck zu verleihen, wird er sich trotzdem darum bemühen, alleine aus seiner Selbstliebe heraus. Ein Mensch, der sich eingesteht, daß er bestimmte Teile seines Körpers das ganze Leben lang abgelehnt und ihnen beständig negative Energie gesandt hat, wird versuchen, ihnen gegenüber eine neue Einstellung aufzubauen, um diese Negativität aufzulösen.

Ein Mensch, der sich selbst liebt, fühlt! Das hört sich nun in euren Ohren im ersten Moment komisch an, aber ein Mensch, der sich selbst ständig ablehnt und kritisiert, verweigert es sich, sich selbst zu fühlen und wahrzunehmen. Wenn man eine negative Einstellung sich selbst gegenüber hat, fühlt man nicht, wie weh dies tut. Erst wenn man bereit ist, diese Ablehnung als Ablehnung wahrzunehmen, kann man auch die ganzen Auswirkungen davon sehen und fühlen. Es tut weh, sich nicht so zu lieben, wie man ist! Man hat dann eine schlechte Meinung von sich selbst, und man be- und verurteilt sich selbst am meisten und unbarmherzigsten. Man braucht keine anderen dazu, um sich schlecht zu fühlen, denn man selbst übernimmt diese Rolle.

Es ist etwas vollkommen anderes, sich selbst kritisch zu überprüfen, als sich in negativen ablehnenden Gedanken über die eigene Person zu verlieren.

Legt das Buch einmal zur Seite und schließt eure Augen. Wie fühlt ihr euch jetzt, da ihr diese Zeilen gelesen habt? Könnt ihr aus vollem Herzen sagen, daß ihr euch liebt, so wie ihr seid, mit allen Stärken, aber auch mit allen Schwächen, die ihr habt? Laßt diese Frage in euch eindringen und geht ihr einmal nach. Wahre bedingungslose Liebe wird erst möglich, wenn ein Mensch sich selbst in diese einbezieht, wenn er sich selbst bedingungslos liebt, so wie er ist. Viele Menschen assoziieren mit Selbstliebe, daß man sehr egoistisch oder egozentrisch ist und handelt, und sie verbinden mit dieser Vorstellung einen Egozentriker, der selbstverliebt in den Spiegel schaut.

Viele Menschen meinen, daß sie das Wohl der anderen vergessen und nur zu deren Schaden handeln würden, wenn sie sich selbst lieben würden. Das ist aber niemals die Folge der Selbstliebe. Selbstliebe ist mit Selbstakzeptanz verbunden. Selbstliebe ist identisch mit einem Friedenschliessen mit sich selbst. Selbstliebe hat damit zu tun, nicht ein anderer sein zu wollen oder zu müssen, als der man ist. Selbstliebe bedeutet, sich zu genügen, im Gegensatz dazu, sich nie zu genügen. Ein Mensch, der sich selbst liebt, ist im großen Maße erfüllt. Er kann auch alleine leben, wenn es sein müßte. Er muß sich nicht die Liebe von anderen holen, damit er Liebe erfahren kann, denn er fühlt die Liebe in seinem eigenen Inneren fließen und strömen. Ein Mensch, der sich selbst liebt, ist in großem Maße in sich zentriert. Er glaubt nicht, daß er etwas dafür tun muß, um sich Liebe zu verdienen oder um geliebt zu werden. Je mehr sich ein Mensch also selbst liebt, um so mehr ist er in das Gefühl der Liebe eingebunden und in ihm zentriert. Andere können an seiner Liebe teilhaben und sie erfahren. Für einen Menschen, der sich selbst liebt, ist es keine Schwierigkeit, Liebe zu anderen fließen zu lassen. Das geschieht fast „automatisch“, obwohl dieses Wort nicht das richtige hierfür ist. Die Liebe, die in ihm strömt, fließt einfach zu anderen über und erreicht diese leicht und mühelos.

Wahrhaftige Liebe hat ihr Fundament also immer in der Selbstliebe. Ist diese nicht vorhanden und wird nur Liebe für andere gelebt, dann besteht ein gewisser Mangel in diesem Menschen. Kommt die Nächstenliebe eines Menschen aber aus seiner Selbstliebe, dann hat sie ein stabiles Fundament. Diese Art der Nächstenliebe wird und kann niemals ein Ersatz oder ein Ausgleich für eigene Mängel oder für eine innere Leere sein. Erst die Selbstliebe gewährleistet die wahrhaftige und bedingungslose Nächstenliebe.

Was bedeutet bedingungslose Nächstenliebe? Sie nimmt den anderen immer so an, wie er ist. Sie sieht in jedem Wesen, ob Mensch, Tier oder Pflanze das Schöne und Gute, oder man kann auch sagen, den göttlichen Kern. Sich durch Liebe mit anderen verbunden zu fühlen, kennzeichnet einen hohen Entwicklungsstand eines Menschen aus. Erst die Selbstliebe macht die Erfahrung der allumfassenden Liebe möglich. Ein Mensch kann über die Selbstliebe auch die Liebe der Existenz erfahren und sich dadurch mit allem verbunden fühlen. Die wahrhaftige Nächstenliebe entspringt also immer aus der Selbstliebe.

Ein Mensch, der sich selbst mit Liebe begegnet, kann auch anderen mit Liebe begegnen. Ein Mensch, der Nachsicht mit sich hat, kann auch Nachsicht mit anderen haben. Ein Mensch, der sich selbst mit allen Schwächen und Fehlern akzeptiert, kann auch die der anderen akzeptieren. Ein Mensch, der keinem Idealbild von sich selbst hinterherjagt, braucht auch keinem Idealbild von einem Partner hinterherzujagen. Dieser Mensch kann sozusagen menschlich bleiben, denn er muß kein Superwesen sein und auch sein Partner muß dies nicht.

Die zweite wichtige Voraussetzung, um mit seinem Seelenpartner eine Liebesbeziehung eingehen zu können, ist also, daß man sich selbst liebt und akzeptiert. Wenn man dies tut, erkennt man die eigenen Bedürfnisse nach Nähe und inniger Verbindung mit einem anderen Menschen, und man kann es sich erlauben, diese Nähe zuzulassen.

Ein Mensch, der die tiefe Wunde in sich trägt, daß er es nicht wert ist, geliebt zu werden, kann von keinem anderen Menschen erreicht werden. Wenn ein Mensch in seinem tiefsten Inneren glaubt, daß es für ihn nicht möglich ist, eine innige Beziehung einzugehen, aus welchen Gründen auch immer, dann ist das für ihn in der Realität auch wirklich nicht möglich, da seine geistige Schranke zu groß ist.

Ein Mensch, der seinen Seelenpartner sucht, muß bereit sein, zu lieben, im gleichen Maße, wie er bereit sein muß, Liebe zu empfangen. Dies ist eine weitere Qualität der Liebe. Wahrhaftige Liebe kann sich in einem Menschen nur entfalten, wenn sie empfangen und gegeben werden kann. Beide Qualitäten, das Geben und das Nehmen, sind wichtig. Wird ein Teil ausgelassen, dann kann wahrhaftige Liebe nicht stattfinden. Die beiden Qualitäten – Geben und Nehmen – gehören zusammen. Sie bilden eine Einheit und gewährleisten den Austausch von Liebesenergie. Energie fließt von einem zum anderen hin und her, und Geben und Nehmen findet statt.

Wahre Liebe zwischen zwei Menschen kann nie einseitig sein. Liebe muß fließen, muß zwischen beiden hin- und herfließen können. Das bedeutet, daß einmal der eine Partner gibt und der andere empfängt und dann wieder umgekehrt. Beide Qualitäten müssen von den Partnern ausgetauscht werden, damit tiefe Erfüllung erfahren werden kann.

Eine sogenannte Liebesbeziehung, in der nur ein Partner sehr viel Liebe gibt und der andere diese Liebe zwar aufnimmt, aber in viel geringerem Maße zurückgibt, ist einseitig und auf Dauer nicht haltbar. Gibt ein Partner sehr viel, der andere sehr wenig, ist der Energieaustausch zwischen beiden gestört, und früher oder später fühlt sich der Gebende in einer untergeordneten Position. Wahrhaftige Liebe kann zwischen beiden nicht erblühen.

Ein Mensch, der sich selbst liebt, kann nicht in einer Partnerschaft leben, in der der Austausch von Liebe nicht gegeben ist. Ein Mensch, der sich selbst liebt, wird es nicht ertragen können, in einer Beziehung zu leben, in der er nicht geliebt wird. Das hat nichts mit zu hohen Erwartungen an den anderen zu tun. Ein Mensch, der sich selbst liebt, wird erkennen, daß es für die Erfahrung wahrhaftiger Liebe notwendig ist, mit einem Menschen zusammenzuleben, der fähig ist, Liebe zu geben und zu empfangen. Ein Mensch, der sich selbst liebt, wird sich die tiefe Sehnsucht nach einer harmonischen Partnerschaft erfüllen wollen.

Es kommt häufig vor, daß Menschen in einer Partnerschaft leben, in der ein unausgewogenes Verhältnis zur Liebe gelebt wird. Einer von beiden fühlt dann, daß er viel mehr gibt als er zurückbekommt. Daraus folgert er, daß er zu hohe Erwartungen an den anderen hätte, die er einfach nur zurückschrauben müßte. Dadurch beschränkt er sich freiwillig auf eine Partnerschaft, in der er unerfüllt bleibt. Diese Erfahrung ist das Recht jedes Menschen. Jeder entscheidet mehr oder weniger freiwillig, wie er mit einem anderen leben will. Trotzdem haben diese Menschen meistens weiterhin die Sehnsucht nach einer liebevollen Partnerschaft, aber sie erfüllen sie sich nicht. Aus Angst vor Konsequenzen und Unsicherheiten verharren sie in einer Beziehung, in der sie sich unerfüllt fühlen. Ein Mensch, der sich selbst liebt, kann dies auf Dauer nicht tun.

Eine erfüllte Partnerschaft ist immer von einem Geben und Nehmen, von einem freifließenden Austausch der Energien und somit auch von frei fließender Liebe gekennzeichnet. Dies zeigt sich darin, daß beide Partner um das Wohlergehen des anderen bemüht sind, daß sie auf den anderen eingehen, daß der andere sie interessiert und daß sie für ihn etwas Gutes tun möchten. Häufig leben Menschen in einer Partnerschaft oder Ehe weiter zusammen, obwohl sie schon seit einer gewissen Zeit kein Interesse mehr aneinander haben. Nur noch die gemeinsamen Güter oder das gemeinsam Erschaffene vereint sie. Ihre Basis baut sich dann auf materielle Werte oder vergangene Erlebnisse auf. Die Sicherheit und die Gewohnheit steht in dieser Beziehung im Vordergrund. Liebe, wenn sie überhaupt noch vorhanden ist, steht im Hintergrund. Sie wird nicht gelebt und kann nicht fließen.

Diese Situation zeigt etwas über beide Menschen, die in ihr verharren. Beiden scheint es nicht wichtig zu sein, daß Liebe in ihnen und zwischen ihnen fließen kann. Liebe scheint für sie kein hoher Wert zu sein. Aus unserer Sicht haben sie sie aber nur in den Hintergrund geschoben, denn Liebe ist für jeden Menschen ein hohes Gut. Trotzdem wird sie sehr oft nicht gelebt, weil, und damit kommen wir auf den ersten Punkt dieses Kapitels zurück, die äußere Welt zu unsicher erscheint und deswegen der Aufbau von Sicherheiten die oberste Priorität hat. Liebe wird oft als zu unwichtig oder sogar als störend eingestuft.

In einer erfüllenden Partnerschaft lieben immer beide Partner.

Wenn man seinen Seelenpartner in sein Leben treten lassen möchte, muß man für die Liebe bereit sein. Viele Menschen möchten geliebt werden und haben doch Angst davor. Intuitiv wissen sie, daß sie dann nicht mehr so bleiben können, wie sie sind, da Liebe eine starke, transformierende Kraft ist. Zwei Menschen, die bereit sind, miteinander Liebe zu teilen und zu erfahren, werden von ihr verändert und in gewisser Weise auch geläutert. Die Liebe – das trifft auf die Selbstliebe wie auch auf die Nächstenliebe zu – verändert einen Menschen immer. Deswegen spricht man von ihrer transformierenden Kraft.

Viele Menschen haben Angst vor Veränderung. Sie möchten, daß alles, und damit meinen sie auch ihr Innenleben, so bleibt, wie es ist und wie es war. Leben bedeutet aber ständige Veränderung. Liebe unterstützt Veränderung. Man kann seinen Seelenpartner nicht finden, wenn man Angst vor der Liebe hat.

Viele Menschen haben wiederum ein bestimmtes Bild davon, wie es ist, wenn sie geliebt werden oder wie es sein müßte, wenn ein anderer Mensch sie aufrichtig liebt. Ein Stereotyp hierfür ist, daß der Mann ständig Blumen mit nach Hause bringen und die Frau immer etwas Gutes kochen muß. Doch das sind Dinge, die auch stattfinden können, wenn man sich nicht liebt, denn es sind nur äußere Gesten.

Wenn zwei Menschen aufeinander treffen, die bereit sind zu lieben, dann werden auch manchmal Situationen entstehen, die für sie vielleicht schwierig sind, aber aufgrund ihrer Liebe werden sie diese gemeinsam meistern können. Ist Liebe zwischen zwei Menschen vorhanden, dann kann ihr Ego, das ja unweigerlich immer vorhanden ist, niemals die Oberhand gewinnen. Liebe ist stärker als das Ego! Das Ego hat es schwer, sich auf Dauer zu behaupten, wenn wahre Liebe zwischen zwei Menschen vorhanden ist.

Wir möchten hierfür ein Beispiel geben: Das Ego eines Menschen möchte unbedingt aus Prestigegründen eine Schiffsreise tun. Sein Partner sehnt sich aber nach einem ruhigen Urlaub zu zweit. Diese unterschiedlichen Wünsche treffen aufeinander, und beide Partner müssen sich damit auseinandersetzen. Für den einen ist die Schiffsreise etwas, von dem er meint, es tun zu müssen, um mehr Ansehen zu bekommen. Für den anderen ist der ruhige Urlaub ein wahres Bedürfnis. In diesem Beispiel ist es entscheidend, ob der eine Partner im Endeffekt das wahre Bedürfnis seines Partners sehen und erkennen kann. Kann er loslassen von seinem Prestigeobjekt und erkennen, daß sein Wunsch aus seinem Ego kam? Aus Liebe heraus wird ihm das wahre Bedürfnis seines Partners wichtiger sein, als die Erfüllung seines Prestigeobjektes, das ein Wunsch des Egos war. Diesen Wunsch konnte er aufgrund seiner Liebe fallenlassen und damit dem wahren Bedürfnis seines Partners nachkommen.

Dieses Beispiel zeigt die transformierende Kraft der Liebe, durch die ein Mensch über sein Ego hinausgehen kann. Das bedeutet nicht, daß er seine eigenen wahren Bedürfnisse unterdrückt oder in den Hintergrund stellt, sondern daß er erkennt, was wahre Bedürfnisse, Wünsche und Sehnsüchte und was egoistische Gründe sind.

Über die Liebe gibt es viele stereotype Idealbilder. Die meisten Menschen haben feste und auch starre Vorstellungen davon, wie sie sein müßten oder welches Verhalten sie an den Tag legen müßten, wenn sie wirklich lieben könnten. Gleichermaßen tragen sie auch Vorstellungen in sich, wie es sein müßte, wenn ein Partner sie wirklich liebt. Auf die selbe Art, wie es das Idealbild von der körperlichen Statur eines Partners gibt, gibt es das Bild davon, wie man geliebt werden müßte. Was geschieht aber, wenn der Partner, der einen wirklich liebt, diesem Idealverhalten nicht entspricht? Es entstehen immer Konflikte.

Bedenkt, jeder Mensch ist ein eigenes kleines Universum für sich selbst. Jeder Mensch absorbiert und zeigt die Liebe auf seine ganz eigene Art, eventuell völlig anders als ihr. Trotzdem liebt euch dieser Mensch. Er zeigt seine Liebe vielleicht durch eine zärtliche Geste, durch einen liebevollen Satz, oder indem er etwas für euch tut oder übernimmt, das euch schwerfallen würde.

Die Offenheit und die Bereitschaft, sich von diesen Idealbildern freizumachen, ist für jeden Menschen, der eine harmonische Partnerschaft erleben möchte, immens wichtig. Die Idealbilder verhindern sehr oft, daß eine Partnerschaft, die im Grunde auf Liebe aufgebaut ist, wirklich harmonisch gelebt werden kann. An Idealbildern festzuhalten, erzeugt Spannung. Den Partner einerseits so zu lassen, wie er ist, auch wenn etwas an ihm nicht den eigenen Vorstellungen entspricht, ihn aber andererseits gänzlich zu unterstützen, wenn er sich Veränderungen in seinem Verhalten herbeiwünscht, das ist Liebe. Liebe heißt auch, den Partner in seinem Wesen zu akzeptieren und ihn nicht in Richtung des Idealbildes verändern zu wollen. Oft versuchen Menschen, ihren Partner an das eigene Idealbild anzupassen, indem sie ihm vermitteln, daß ihnen etwas an seinem Körper oder in seinem Denken nicht gefällt, und sie fordern von ihm, dies zu verändern. Dieses Verhalten zeugt davon, daß sie ihren Partner nicht akzeptieren und lieben.

Den Partner so zu nehmen wie er ist, heißt aber nicht, daß man nicht Kritik üben kann, wenn einem ein Fehlverhalten auffällt. Akzeptieren heißt nicht Kritiklosigkeit.

Liebe hat immer etwas damit zu tun, daß man ehrlich ist – zu sich selbst und zu seinem Partner. Das kann beinhalten, daß man sich gegenseitig seine Idealbilder mitteilt, daß man zu ihnen steht, um dann von ihnen, vielleicht sogar mit einem gewissen Schmunzeln, loslassen zu können, wenn man erkennt, welche Illusionen man in seinen Vorstellungen getragen hatte.

So vieles gäbe es noch über die Liebe zu berichten, vor allem über die Liebe zwischen zwei Personen, aber der wichtigste Punkt ist, offen dafür zu sein, daß Liebe fließen kann. Diese Offenheit wird immer alles zum Besten regeln. Die Bereitschaft, Liebe zu geben und zu empfangen, ist die Voraussetzung dafür, daß man seinen Seelenpartner finden kann, und sie ist die Grundlage einer harmonischen, erfüllenden Partnerschaft.

Eine weitere Grundlage für eine harmonische Beziehung ist immer, daß sich jeder einzelne Partner ein gewisses Maß an Selbstliebe gibt und sich selbst im Grunde seines Seins akzeptiert. Diese Einstellung ist eine gute Basis dafür, einen ebenso starken Partner zu finden. Hat ein Mensch ein geringes Selbstwertgefühl, wird er einen Ausgleich in einem stärkeren Partner suchen. Zwei sehr unterschiedliche Menschen werden dann zusammenfinden, wodurch von Anfang an verschiedene Positionen, eine über- und eine untergeordnete, vorprogrammiert sind.

Seelenpartner sind Menschen auf gleicher Ebene, die sich gegenseitig nicht manipulieren dürfen, denn sie finden sich nur, wenn sie sich die höchstmögliche Unterstützung zugestehen. Jeder, der also seinen Seelenpartner finden möchte, muß sich intensiv überlegen,

ob er bereit ist für wahrhaftige Liebe, ob er bereit ist,
diese zu geben und zu empfangen, ob er bereit ist,
der transformierenden Kraft der Liebe entgegenzutreten.

Die dritte Voraussetzung: Die Bereitschaft, das Leben als eine positive Herausforderung zu sehen

Diese Voraussetzung erscheint euch vielleicht ungewöhnlich, aber sie ist sehr wichtig. Erinnert euch daran, welche Funktion Seelenpartner füreinander haben. Sie sollen und wollen sich gegenseitig bei der Lösung einer bestimmten Aufgabe unterstützen und helfen. Die Lösung dieser Aufgabe ist immer ein bedeutsamer Punkt in ihrem Leben. Meistens treffen sie sich zu entscheidenden Ereignissen innerhalb ihrer Inkarnationen. Es sind jedesmal herausragende Leben, wenn sich Seelenpartner in einer Liebesbeziehung miteinander verbinden.

Es bestehen zahlreiche Seelenpartnerschaften auf der Erde. Ihr habt viele Verbindungen zu anderen Menschen, die eine große Bedeutung für euch haben, die ihr immer wieder trefft und mit denen ihr euch abgesprochen habt. Ihr lauft euch sozusagen immer wieder über den Weg. Mit manchen geht ihr euren Weg eine gewisse Zeit gemeinsam, andere trefft ihr nur kurz und trotzdem ist diese flüchtige Begegnung für euch beide bedeutsam und eine Erinnerung. Diese Begegnungen treffen euch jedesmal sehr direkt. Sie bewegen euer Herz und spornen euch an, neu über gewisse Dinge nachzudenken. Es ist auch möglich, daß ihr Seelenpartner trefft, mit denen ihr in der Vergangenheit schon einmal in einer Liebesbeziehung zusammengelebt habt, mit denen es jetzt aber nicht an der Zeit ist, dies zu wiederholen. Es ist jedoch immer ein besonderes Ereignis, wenn sich Seelenpartner in einer Liebesbeziehung miteinander verbinden und vereinen. Es ist die höchste Form der Liebesbeziehung, auch die höchste Form der Beziehung innerhalb der

Seelenpartnerschaften, denn es ist die innigste Vereinigung zwischen zwei Menschen, die möglich ist, und sie geht weit über eine übliche Liebesbeziehung hinaus.

Wir sprachen bereits davon, daß sich Seelenpartner gegenseitig innere Ruhe und Sicherheit vermitteln und gleichzeitig auch eine große Herausforderung füreinander darstellen, denn sie haben sich dazu verpflichtet, den anderen bei der Lösung einer bestimmten Aufgabe zu unterstützen oder ihn an diese Aufgabe zu erinnern.

Die Herausforderung besteht darin,
sich gemeinsam zu entwickeln,
zu entfalten und zu wachsen.

Wachstum beinhaltet immer Veränderung. Das eigene Potential zu entwickeln und an das Tageslicht kommen zu lassen, beinhaltet immer Veränderung und Loslassen von alten Verhaltensweisen und -mechanismen. Das Wesen oder die Natur des Lebens ist gekennzeichnet von ständigem Wandel und ständiger Veränderung. Das gesamte Universum, der Kosmos ist in laufender Wandlung. Dies spiegelt sich überall wider: in der Blume, die zunächst in einem Samenkorn verborgen ist, sich aber im Sommer zu einer kräftigen Blüte entwickelt, dann langsam verblüht und schließlich ganz verschwindet. Die Veränderung zeigt sich in der Geburt und im Tod eines Menschen oder im Zyklus der Jahreszeiten. Alles folgt einem bestimmten Rhythmus – Kommen und Gehen, Durchwandern verschiedener Phasen, Geborenwerden und Sterben.

Dies gilt auch für euer inneres Wachstum. Ein Beispiel hierfür ist, daß die Liebe zunächst einmal als eine Möglichkeit des Seins in einem Menschen vorhanden ist. Wie ein

Same liegt die Möglichkeit der Liebe im Herzen des Menschen. Ein Same ist zunächst immer eingeschlossen in seiner Hülle, aber irgendwann, wenn er gegossen, gehegt und gepflegt wird, dann bricht er auf und eine zarte Pflanze kommt zutage, die sich dem Licht entgegenstreckt. Diese Pflanze muß weiterhin unterstützt werden, damit sie wachsen kann. Genauso ist es mit der Entwicklung von Liebe in einem Menschen. Zuerst blitzt ab und zu in seinem Inneren das Gefühl der Liebe auf, und am Anfang ist dieser Mensch darüber verwundert, überrascht und erfreut. Woher kommt diese Liebe? Wie ist sie entstanden? Die Sehnsucht und die Bereitschaft dieses Menschen haben den Samen der Liebe sprießen lassen. Mit der Zeit kann in ihm diese zarte Pflanze heranwachsen und groß und stark werden. Das bringt Veränderung mit sich. Lieblose Verhaltensweisen gegen sich selbst oder andere Menschen werden dadurch unmöglich. Er kann kein herzloses Verhalten mehr an den Tag legen und wenn er es tut, dann leidet er selbst am meisten darunter. Die Liebe verändert ihn also. Die Liebe bringt in ihm Veränderung mit sich. Er muß sein Leben neu gestalten, und jeden Tag steht er vor der Herausforderung, ob er weiterhin dem Weg der Liebe folgen möchte. Dies ist eine positive Herausforderung! Dieser Mensch kann sich jederzeit entscheiden, seine alten Verhaltensweisen wieder aufzunehmen, die Pflanze der Liebe nicht mehr zu gießen und sie dadurch vertrocknen zu lassen. Das würde bedeuten, daß er die positive Herausforderung nicht annimmt.

Seelenpartner unterstützen sich dabei, daß sie sich auf diese positiven Herausforderungen immer wieder neu einlassen können, und sie erinnern sich in der Hektik des Alltags gegenseitig daran. Mit dem Wesen des Lebens in Harmonie oder im Fluß zu sein, heißt, Veränderungen als etwas

Natürliches zu akzeptieren und ihnen gegenüber positiv eingestellt zu sein. Viele Menschen haben Angst vor Veränderungen, denn sie möchten das Leben kontrollieren. Sie möchten selbst bestimmen, wohin sie der Fluß des Lebens bringt, denn sie haben Angst davor, daß jeder Tag etwas Neues, Unbekanntes bringen könnte. Sie vermeiden so gut es geht positive Aufregung und Veränderung. Jeder Tag soll vorhersehbar sein und in gewisser Weise ähnlich ablaufen. Das hat Vorteile und Nachteile. Der Vorteil eines Lebens, das auf Starrheit und ausschließlicher Sicherheit aufgebaut ist, liegt für diese Menschen darin, daß nichts Unvorhersehbares geschehen kann. Der Nachteil zeigt sich immer darin, daß selbst ihnen diese Starrheit manchmal zuviel wird und sie sich so sehr langweilen, bis sie sich irgendwann fragen: „Soll oder kann das alles sein?" Es kommt häufig vor, daß sie dann diese Langeweile durch einen kurzen berechenbaren Ausflug in ein abgesichertes Abenteuer zu durchbrechen versuchen.

Die positive Herausforderung des Lebens liegt darin, im Fluß mit Veränderungen zu sein, sich nicht gegen sie aufzubäumen oder sich ihnen gegenüber nicht zu verweigern. Das bedeutet, daß man jederzeit dazu bereit ist, das eigene Leben neu zu gestalten oder neu über es nachzudenken.

Die vielen Sicherheiten, die sich Menschen erschaffen, dienen lediglich dazu, sich vor dem Wesen des Lebens zu verstecken und sich davor zu bewahren, daß eine Veränderung eintreten könnte. Das zeugt von einer negativen, ängstlichen Einstellung. Viele Menschen möchten sich vor den Gefahren und Unannehmlichkeiten des Lebens absichern, z.B. durch die Anhäufung von Geld und materiellen Gütern oder aber durch die Abgrenzung von anderen Menschen, so daß niemand sie erreichen kann. Sie möchten unbedingt gefährlichen Situationen aus dem Wege gehen. Im Leben kommt es aber vor, daß zu manchen Zeiten viel Geld zu euch fließt, dann wieder weniger oder aber, daß ihr manchmal mit vielen Menschen in Verbindung seid und dann, daß ihr die Erfahrung des Alleinseins machen sollt.

Das Leben ist und bleibt nie gleich. Das gibt euch die Möglichkeit, viele verschiedenartige Erfahrungen machen zu können. Darin liegt das Wunder des Lebens, das nur angenommen werden muß. Die Schönheit des Lebens liegt in der Veränderung, aber dies wird meist nicht als Schönheit gesehen und anerkannt, sondern als Angriff und Gefahr.

Es liegt also immer an der inneren Einstellung eines Menschen, wie er das Leben sieht – als eine Möglichkeit für Wachstum oder als etwas, vor dem man sich bewahren muß. Ein Mensch, der das Wesen des Lebens akzeptiert, hat es viel leichter als ein Mensch, der dies nicht tut, denn dieser sträubt sich gegen den Strom der Veränderung und führt einen Kampf gegen das Leben. Ein Mensch, der mit diesen Veränderungen geht, ist sozusagen im Fluß und in Harmonie mit dem Geschehen. Ein Mensch, der sich gegen Veränderung sträubt, führt einen aussichtslosen, schweren Kampf, denn das Leben ist immer stärker als der Mensch! Aber auch das Aufbäumen gegen den Fluß des Lebens ist eine große Lernerfahrung für einen Menschen, die ihn letztendlich dazu führt, sich der Harmonie des Ganzen hinzugeben.

Ein Mensch, der also bereit ist, die positive Herausforderung des Lebens anzunehmen, kann sehr leicht seinen Seelenpartner finden, und er kann auch die Herausforderung, die dieser an ihn stellt, als ein Geschenk der Existenz ansehen.

Auf dem Weg zum Seelenpartner

In diesem Kapitel möchten wir eine konkrete Anleitung für Menschen anbieten, die sich nach einer Liebesbeziehung mit ihrem Seelenpartner sehnen und die diese bewußt herbeiführen möchten. Durch die folgenden Übungen wollen wir euch die Umsetzung unserer bisherigen Erklärungen leichtermachen und euch eine Anleitung oder einen Kurs anbieten, der euch für das Treffen mit einem Seelenpartner vorbereitet.

Der erste Schritt

Zunächst einmal ist es wichtig, daß ihr euch über eure innersten Wünsche und Sehnsüchte bezüglich eines Partners bewußt werdet. Diese innersten Sehnsüchte sind etwas anderes als die Vorstellungen des Idealbildes, das sich aus oberflächlichen Wünschen und gesellschaftlichen Normen zusammensetzt. Die wahre Sehnsucht nach einem Partner beinhaltet meistens etwas vollkommen anderes, und es wäre gut, wenn ihr euch als allererstes darüber klarwerdet. Damit euch dies leichterfällt, möchten wir, daß ihr euch auf die folgenden Fragen einlaßt und sie aufrichtig und intensiv beantwortet. Dies stellt den ersten Schritt unseres Kurses dar.

Themenblock: Die wirkliche Sehnsucht

1. Wonach sehne ich mich am meisten, wenn ich an ein Zusammentreffen mit meinem Seelenpartner denke?

2. Was ist für mich in einer Partnerschaft wirklich am wichtigsten, nach welchen Qualitäten sehne ich mich am meisten?

3. Wie möchte ich meine Partnerschaft leben?

4. Was hat mich bisher daran gehindert, meinen Sehnsüchten in bezug auf eine Partnerschaft nachzukommen?

Diese Fragen sollen nur eine Anregung sein, um über das Thema der Sehnsucht nachzudenken und um sich darüber klarzuwerden, nach welchen Qualitäten man sich in einer Partnerschaft am meisten sehnt und wo die tiefsten Wünsche liegen. Die angebotenen Fragen können euch auf den Weg bringen, um herauszufinden, wonach ihr wirklich sucht. Belaßt es also nicht einfach nur bei der Beantwortung dieser Fragen, sondern laßt euch von ihnen inspirieren und taucht ein in die Welt eurer Sehnsucht.

Nach der Klärung der Fragen seid ihr für eine weitere Übung bereit. Erschafft euch für alle nachfolgenden Übungen, die wir in diesem Kapitel anbieten, ein Symbol für das Finden eures Seelenpartners, und gebt ihm einen bestimmten Platz in eurem Raum oder in eurer Meditationsecke. Es kann ein Bild, ein Kristall, eine Blume oder ein Amulett sein, je nachdem was euch passend erscheint. Dieses Symbol kann euch in der nächsten Zeit daran erinnern, daß ihr euch auf dem Weg zu eurem Seelenpartner befindet. Als Einstimmung auf eine Übung könnt ihr dann zunächst immer dieses Symbol betrachten.

Die Übung:
Das Akzeptieren der Sehnsucht

1. Teil

Legt oder setzt euch bequem hin.
Entspannt euch so gut es euch möglich ist,
indem ihr schrittweise durch
euren Körper hindurchgeht.

Beginnt bei den Fußspitzen,
und stellt euch vor,
wie sich dort ein goldenes Licht ausbreitet,
das langsam von euren Füßen aus
hoch in eure Beine steigt und
sich wohltuend ausbreitet.
Dieses goldene Licht dringt
über die Waden und die Knie
weiter in die Oberschenkel vor
und entspannt dort
alle Muskeln und Fasern.
Es kommt bis
in die verstecktesten Winkel hinein.

Das goldene Licht steigt
über das Gesäß
weiter in den Bauch hinein.
Dort breitet es sich langsam aus
und erfüllt euren gesamten
unteren Bauchbereich.
Alle Organe entspannen sich,
lassen los und werden
mit heilsamer Energie aufgeladen.

Dann kann das goldene Licht
in euren Solarplexus-Bereich
oberhalb des Nabels vordringen.
Die Bauchdecke und der
Magen entspannen sich.
Alles wird weich und warm.

Das goldene Licht steigt weiter
hoch in die Lungen, in den Herzraum
und in die Schultern.
Ihr könnt befreit und tief durchatmen.
Sauerstoff dringt in eure Lungen ein.
Das Ein- und Ausatmen fällt euch leicht.
Die Schultern lassen los von Verspannungen.

Das goldene Licht gelangt nun über
die Arme in die Fingerspitzen,
und verströmt dort seine
wohltuende Energie.

Das goldene Licht dringt weiter vor
in den Kopfraum und füllt ihn vollkommen

mit seiner heilsamen Energie aus.
Das Gesicht läßt los von Anspannung,
die Augenpartie, der Mund, das Kinn,
alles wird weich und warm.

Ihr seid jetzt
in einem Zustand tiefer Entspannung.
Euer Körper ist ruhig und
gleichzeitig auch erfüllt von Energie.
Ihr seid innerlich vollkommen entspannt
und doch ganz wach.

2. Teil

Richtet eure Aufmerksamkeit
nun auf euer Herz.
Gesteht euch eure Sehnsucht
nach einer erfüllenden
Liebesbeziehung ein,
und erkennt sie an.
Atmet tief ein und aus.
Sagt innerlich zu euch:
„Ich akzeptiere den Wunsch
und die Sehnsucht nach
einer erfüllenden Liebesbeziehung."

Gesteht es euch zu,
daß ihr diese Sehnsucht in euch tragt
und daß ihr sie nicht mehr
länger verdrängen wollt.
Ihr seid jetzt bereit, alles zu tun,
damit diese Sehnsucht
nicht mehr nur

als ein reiner Wunsch existiert.
Ihr wollt nun, daß sie sich
in der Realität verwirklichen kann.
Laßt die Affirmation auf euch wirken,
sprecht sie, wenn nötig,
ein paar Mal nacheinander.
Sie muß aus eurem tiefsten
Herzen heraus gesprochen werden.
Sie muß Kraft haben.
Ihr müßt vollkommen
hinter diesem Satz stehen.

Falls in euch Zweifel über
die Verwirklichung
dieser Sehnsucht auftreten,
verdrängt diese nicht,
sondern seid aufmerksam,
was sie zu euch sagen.
Falls sie sehr stark sind,
dann müßt ihr euch nach dieser Übung
intensiv mit ihnen auseinandersetzen.
Schreibt z.B. alles auf,
was sie gesagt haben.
Vielleicht hattet ihr Angst davor,
euch auf eine tiefe
Liebesbeziehung einzulassen.
Auf alle Fälle besteht
ein Grund dafür,
warum dies bisher
noch nicht geschehen ist.
Wenn ihr bereit seid,
und wenn ihr alle Zweifel,

die gegen eine
Liebesbeziehung sprechen,
ausgeräumt habt,
dann könnt ihr eure Sehnsucht und
euren Wunsch manifestieren,
indem ihr euch immer wieder
damit auseinandersetzt.

Nehmt euch für diese Übung
so viel Zeit, wie ihr braucht.
Dann kommt mit
eurer Aufmerksamkeit in euren
gesamten Körper und in den Raum,
in dem ihr euch befindet,
zurück und beendet diese Übung.

Diese Einstimmung auf eure Sehnsucht solltet ihr mindestens dreimal, z.B. an drei aufeinanderfolgenden Tagen, tun. Viele Menschen haben ihre Sehnsucht nach einer wahren Liebesbeziehung verdrängt und in ihr Unterbewußtsein abgeschoben. Dieser erste Übungsblock soll euch auf sie aufmerksam machen, damit ihr für sie gehen und zu ihr stehen könnt. Das macht euch fähig, euch für eine Partnerschaft zu öffnen. Vielleicht erscheint euch die Übung etwas verwunderlich, aber sie ist sehr wichtig, denn zunächst einmal müßt ihr euch darüber bewußt werden, ob ihr wirklich eine Liebesbeziehung anstreben wollt und ob ihr wirklich bereit seid, Liebe zu geben und zu nehmen. Entdeckt ihr in euch, daß diese Sehnsucht vorhanden ist, dann solltet ihr eure ganze Kraft sammeln und alles dafür tun, was in eurer Macht steht, damit ein geeigneter Partner, ja eventuell sogar ein Seelenpartner, in euer Leben treten kann.

Der zweite Schritt

Der nächste Schritt ist die Fokussierung auf einen Seelenpartner. Das bedeutet, daß ihr alles aussortieren müßt, was in euch noch gegen ein Treffen mit ihm sprechen oder ein Treffen mit ihm verhindern könnte. Wir möchten euch hierzu wieder Fragen anbieten, die ihr aufmerksam beantworten solltet.

Themenblock:
Aussortierung alter Einstellungen

1. Bin ich bereit, mein altes Wunschbild von einem Mann oder einer Frau loszulassen und mich mehr an meinen wahren Sehnsüchten zu orientieren?

2 Bin ich bereit, anderen Menschen offen und unvoreingenommen zu begegnen?

3. Bin ich bereit, das Wagnis der Liebe einzugehen und mit einem Partner tiefe Liebe zu erfahren?

4. Bin ich bereit, mich von der Liebe transformieren zu lassen, oder sprechen in mir noch Stimmen dagegen. Habe ich Angst vor der Liebe?

5. Welcher Bereich in mir könnte eventuell noch meine Aufmerksamkeit benötigen? Könnte ein Bereich von mir das Treffen und Erkennen eines geeigneten Partners verhindern? Gibt es ein Verhaltensmuster in mir, das gegen eine Liebesbeziehung spricht?

6. Was hält mich noch zurück, um in die Liebe eintauchen zu können?

Nehmt euch ausreichend Zeit für die Bearbeitung dieses Themenblocks. Alles in euch muß offen und bereit dazu sein, in eine Liebesbeziehung einzutauchen. Wenn ihr genügend in eurem Inneren nachgeforscht und diese Fragen ausführlich beantwortet habt, dann könnt ihr zum nächsten Punkt übergehen.

Die Übung: Loslassen von alten Verhinderungsmechanismen

(Beginnt diese Übung mit der Entspannungsreise durch den Körper aus dem ersten Teil der ersten Übung.)

2. Teil

Richtet eure Aufmerksamkeit
auf euer Herz.
Verankert euch in ihm,
und macht euch eure Sehnsucht
nach einer Liebesbeziehung bewußt.
Laßt diese Sehnsucht wieder emporsteigen,
denn sie ist der Motor,
der euch antreibt, euch vollkommen
für einen Partner zu öffnen.
Laßt euer Herz ganz warm werden.
Laßt euch erfüllen von der Sehnsucht.
Dann vergegenwärtigt euch, was euch durch
die Bearbeitung der vorangegangenen
Fragen bewußt geworden ist.

Erinnert euch an eventuelle Blockaden,
die gegen eine Liebesbeziehung sprechen.
Erinnert euch an euer
früheres Wunschbild
von einem möglichen Partner.
Erinnert euch daran,
wie euer Traumpartner
oder eure Traumpartnerin
in eurem Idealbild ausgesehen hat.
Faßt alles zusammen,
was euch durch die
Bearbeitung der Fragen bewußt wurde,
und laßt dann all diese Vorstellungen,
Widerstände oder eventuell auch Ängste los.

Unterstreicht dies, indem ihr sagt:
„Ich bin nun bereit,
mich freizumachen von allen
Vorstellungen, Begrenzungen und Ängsten,
die ein Zusammentreffen
mit meinem Seelenpartner und ein gegenseitiges
Erkennen verhindern könnten.“

Laßt diese Affirmation auf euch
einwirken und in euch eindringen.
Dieser Satz muß Kraft haben.
Er darf nicht nur oberflächlich
ausgesprochen und erfahren werden.
Stellt euch dabei gleichzeitig vor,
wie sich von euch alle
Vorstellungen und Begrenzungen
leicht lösen können.

Alles, was euch daran gehindert hat,
den wahren Partner
zu treffen und zu erkennen,
fällt von euch ab.
Ihr werdet leichter und freier
und auch unbeschwerter.

Bleibt während dieser Übung sehr bewußt,
und beobachtet aufmerksam,
ob noch etwas in euch aufblitzt,
was dagegen spricht,
eine Liebesbeziehung einzugehen.
Wenn dies so ist,
dann seht genau hin, was es ist,
erkennt den Zweifel oder die Angst.
Nehmt alles an,
aber laßt es anschließend los.

Dann kommt mit eurer Aufmerksamkeit
in euren gesamten Körper und
in den Raum, in dem ihr euch befindet,
zurück und beendet diese Übung.

Macht auch diese Übung am besten dreimal an aufeinanderfolgenden Tagen. Seid in der Zeit nach den Übungen aufmerksam und bewußt. Beobachtet euch genau. Fühlt ihr euch erleichtert, freier und zielgerichteter, oder bestehen in euch immer noch gewisse Ängste und Zweifel? Ist dies so, dann arbeitet wieder intensiv mit dem Themenblock „Aussortieren alter Einstellungen“, und betrachtet dabei, welche Ängste oder hinderlichen Vorstellungen noch vorhanden sind. Nehmt sie an und akzeptiert sie so, wie sie sind. Stellt ihnen eure Sehnsucht gegenüber, und laßt dann eure Selbstliebe etwas dazu sagen. Welche Seite in euch ist stärker, die Angst und der Zweifel oder die Liebe für euch, die erkennt, daß ihr eurer Sehnsucht nachgeben wollt? Die Liebe für euch selbst will euch durch alle alten Ängste und Zweifel hindurchführen. Die Liebe für euch selbst möchte, daß ihr frei werdet von diesen Behinderungen, damit ihr eine glückliche Liebesbeziehung, eventuell sogar mit eurem Seelenpartner, führen könnt. Die Liebe für euch selbst will eure Sehnsucht erfüllen, das ist ihr höchstes Ziel.

Wenn also noch etwas in euch dagegen spricht, eurer Sehnsucht nachzukommen, dann geht auf diese Stimme ein. Akzeptiert sie, aber laßt sie auch los. Laßt sie gehen! Die Liebe für euch selbst wird euch hierbei unterstützen. Nur wenn ihr euch euren Ängsten, Zweifeln und einengenden Vorstellungen hingebt, bleibt ihr unter ihrer Wirkung. Ihr werdet frei von ihnen, wenn ihr euch von ihnen distanziert.

Dieser zweite Schritt unseres Kurses ist also von großer Bedeutung, und ihr solltet ihn nicht zu schnell durchlaufen. Arbeitet aufmerksam und ehrlich an euch. Je freier ihr von begrenzenden Einstellungen werdet, um so leichter wird euch das Zusammensein mit anderen Menschen fallen, und um so müheloser werdet ihr euch unter ihnen bewegen können, denn ihr werdet weniger Erwartungen an sie haben. Das mag euch als ein Widerspruch erscheinen, da ihr durch diese Übungen auf ein ganz bestimmtes Ziel – das Zusammentreffen mit eurem Seelenpartner – hinarbeitet, wodurch die Erwartung, daß dies auch eintritt, sehr groß werden könnte. Es ist aber so, daß ihr bereits seit langem eine hohe Erwartung in euch tragt, bei gleichzeitiger Unbewußtheit über eure Sehnsucht und ganz bestimmten Vorstellungen und

Verhinderungsmechanismen. Das stellte eine Ansammlung unterschiedlicher Ausrichtungen dar.

All das hat euch in unterschiedliche Richtungen gezerrt, was bewirkte, daß ihr innerlich nicht klar ausgerichtet wart. Stellt euch vor eurem inneren Auge einen Bogenschützen vor, der in vollkommener Konzentration und Zentriertheit den Bogen spannt und den Pfeil auf das Zentrum seines Ziels richtet. Alle Kraft und Konzentration des Bogenschützen ist auf das Zentrum gerichtet. Seine gesamte Kraft ist gebündelt. Nichts lenkt ihn ab, nichts behindert ihn. Ebenso könnt ihr eure Energie ausrichten.

Ihr müßt wissen, was ihr wollt und wohin ihr gehen wollt. Ihr müßt wissen, was ihr anstrebt, und ihr müßt innerlich vollkommen bereit sein für das, was ihr anstrebt. Bisher war es so, daß eure Hand einmal in die eine Richtung und dann wieder in viele andere Richtungen gezielt hat, wenn ihr den Bogen gespannt habt. Bisher war eure Energie noch nicht klar ausgerichtet.

Alle Übungen, die wir in diesem Buch anbieten, sollten euch zu der Zentriertheit und Konzentration eines „Bogenschützens" hinführen. Alle Übungen sind dafür gedacht, daß ihr letztendlich vollkommen klar werdet.

Der dritte Schritt

Wenn ihr die vorangegangene Übung vollzogen und alles ausgeräumt habt, was in euch noch gegen eine Beziehung spricht, dann können wir zum nächsten Schritt übergehen.

Die Übung:
Bereit sein für die Liebe

(Beginnt damit, daß ihr die Entspannungsreise durch den Körper aus dem ersten Teil der ersten Übung praktiziert.)

2. Teil

Richtet eure gesamte Aufmerksamkeit
auf euer Herz,
und ruft eure Sehnsucht nach
einer Liebesbeziehung
mit eurem Seelenpartner hervor.

Erinnert euch,
eure Sehnsucht ist der Motor,
der euch hilft, alles zu tun,
was in eurer Macht steht,
um euren Seelenpartner finden,
treffen und erkennen zu können.

Fokussiert euch auf
euer Herz-Chakra,
das sich in der Mitte
eurer Brust befindet.
Stellt euch vor, wie sich dort

ein kleiner Lichtpunkt ausbreitet,
der langsam immer größer wird.
Dieser Punkt entwickelt sich zu
einem kreisenden, rotierenden Rad,
das sich über eure Brust hinaus ausbreitet.
Stellt euch vor,
wie dieses Rad goldene Strahlen produziert,
die weit nach außen hin abstrahlen.
Laßt euch Zeit für diese Vorstellung.

Atmet ruhig ein und aus.
Bleibt ganz entspannt.
Genießt die Vorstellung von eurem
goldenen Herz-Chakra,
das seine Strahlen aussendet.
Öffnet euch innerlich für die Liebe.
Fühlt die Wärme,
die über das Herz-Chakra möglich wird –
die Wärme für euch selbst,
aber auch für andere Menschen.

Sprecht dann innerlich:
„Ich bin bereit für die Liebe.
Ich bin jetzt bereit,
Liebe zu geben und zu empfangen.
Liebe kann mein ganzes Sein durchströmen.“

Fühlt die Auswirkung dieser Affirmation.
Seid offen und aufmerksam.
Auch sie benötigt wieder
eure gesamte Kraft.
Eure innere Bereitschaft für die Liebe

muß schon vorhanden sein,
wenn ihr diese Affirmation aussprecht.
Sie ist lediglich
eine Verstärkung und Bekräftigung.

Fühlt,
was es bedeutet zu lieben.
Fühlt die Wärme der Liebe.
Laßt euch vollkommen
auf die Liebe ein.
Wenn ihr von ihr
ganz erfüllt seid,
strahlt ihr sie auch aus.
Ihr sendet ihre Strahlen dann
weit über euch hinaus aus.
Diese treffen
auf alle anderen Menschen,
die um euch herum sind.

Stellt euch vor,
wie sie die anderen erreichen.
Manche Menschen werden auf sie
positiv reagieren,
andere wiederum gar nicht.
In manchen Menschen wird
deren Liebe aktiviert.
In anderen Menschen ist
keine Resonanz vorhanden,
aber das macht nichts.
Ihr bleibt vollkommen zentriert
in eurer Liebe.
Laßt euch für diese Übung

so viel Zeit,
wie ihr braucht.
Bleibt verankert in der Liebe,
so lange wie es sich für euch
gut und richtig anfühlt.

Dann kommt mit
eurer Aufmerksamkeit
in euren gesamten Körper
und in den Raum,
in dem ihr euch befindet,
zurück und beendet diese Übung.

Macht die Übung ebenfalls mindestens dreimal hintereinander, und beobachtet an den nachfolgenden Tagen, ob sich etwas in euch verändert und wie ihr die anderen Menschen wahrnehmt. Bleibt also in dieser Zeit aufmerksam.

Diese Übung ist nicht nur für Menschen gedacht, die eine Liebesbeziehung anstreben, sondern für alle, die ihre Fähigkeit zu lieben erweitern, vertiefen oder verstärken möchten. Die Liebe spielt heutzutage eine Schlüsselrolle für alle Menschen. Die Entwicklung in den letzten Jahrzehnten und Jahrhunderten benötigt einen entscheidenden Schritt. Für alle Menschen steht es an, die Fähigkeit zu lieben auszubilden, womit die Liebe für sich selbst und für andere Menschen gemeint ist. Würden sich die Menschen selbst mehr Achtung, Respekt und Liebe entgegenbringen, dann könnten sie diese Qualitäten auch ihren Mitmenschen, den Tieren, den Pflanzen und der Erde geben. Wenn mehr Menschen ihre Liebesfähigkeit ausbilden würden, dann wäre die Atmosphäre auf und um die Erde herum eine ganz andere, und viele Mißstände wären dadurch nicht mehr vorhanden.

Die Liebe ist ein Schlüssel für das globale Wachstum der Menschheit. Jeder Einzelne muß erkennen, was durch Liebe möglich ist. Jeder Einzelne muß in sich selbst das Bedürfnis entwickeln, liebevoller sein zu wollen.

Diese Übung ist also nicht nur für Menschen, die eine Liebesbeziehung anstreben, sondern für alle, die erkennen, welche bedeutende Rolle die Liebe für ein harmonisches Leben spielt -- für jede Einzelperson, aber auch für das Zusammenleben aller Menschen.

Der vierte Schritt

Nun können wir zu dem entscheidenden Teil unseres Kurses übergehen – das bewußte Aussenden eines Signals an den Seelenpartner.

Die vierte Übung: Ein Lichtstrahl wird ausgesendet

(Beginnt damit, daß ihr die Entspannungsreise durch den Körper aus dem ersten Teil der ersten Übung praktiziert.)

2. Teil

Richtet eure gesamte Aufmerksamkeit
auf euer Herz-Chakra,
und stellt euch vor,
wie sich langsam ein Lichtpunkt
in der Mitte eures Brustkorbs ausbreitet.
Wie schon in der
vorangegangenen Übung
wird er zu einem
kreisenden, rotierenden Rad,
das aus durchscheinendem
goldenem Licht besteht.

Gold ist die Farbe der Heilung und
des inneren Reichtums.
Es wird für euch leicht möglich werden,
euren Seelenpartner anzuziehen,
wenn ihr innerlich von Liebe erfüllt seid.
Entwickelt also die Kraft

und die Fähigkeit zu lieben.
Das ist die beste Voraussetzung,
um einen Partner zu finden,
mit dem ihr euch gemeinsam
entwickeln und entfalten könnt.

Konzentriert euch auf
euer Herz-Chakra, und laßt wieder
das kreisende Rad entstehen,
das in goldenen Farben erstrahlt.
Nehmt euch für diese Visualisation
ausreichend Zeit und überstürzt nichts.
Dieses goldene Rad ist
wie ein Symbol für eure Liebe.
Fühlt die Liebe in euch
wachsen und ausstrahlen.
Seid erfüllt von eurer Liebe
und innerlich weich und warm.
Euch fehlt nichts.
Ihr seid in diesem Moment
vollkommen und ganz.
Stellt euch dann vor,
wie sich eure Liebe über euch hinaus,
dann über euer Haus,
weit in eure Umgebung ausdehnt.
Eure Liebe wird groß und stark,
und sie breitet sich so sehr aus,
daß sie langsam sogar den
gesamten Erdball einhüllt.
Sendet nun aus eurem Herz-Chakra
goldene Strahlen aus,
die ebenfalls den gesamten Erdball umrunden.

Alles ist eingehüllt in Liebe.
Sprecht dann innerlich:
„Ich bin nun bereit,
meinem Seelenpartner zu begegnen,
ihn zu empfangen und auch zu erkennen.“
Sprecht diese Affirmation
innerlich so oft,
wie es euch richtig erscheint.
Sie muß wieder Kraft und Energie haben.
Auch diesmal darf sie nur eine Bekräftigung
des bereits Vorhandenen sein.

Früher oder später wird
euer Seelenpartner von euch
und ihr von ihm angezogen werden,
wo auch immer ihr euch befindet.
Eure Energie wird sich gegenseitig anziehen.
Diese Begegnung wird
ganz anders sein
als alle bisherigen.
Ihr habt die Liebe immer
in anderen gesucht und versucht,
über andere Menschen Liebe zu erfahren.

Nun habt ihr die Liebe bereits selbst
in eurem Herzen entfacht.
Dadurch können sich zwei Menschen treffen,
die den anderen nicht als Ersatz für
eine mangelnde Liebe
im eigenen Herzen benutzen.
Von Beginn an könnt ihr in dieser Beziehung
im ausgeglichenen Maße

Liebe geben und empfangen.
Es wird somit für euch beide möglich,
gemeinsam zu wachsen.
Jeder kann sich mit Hilfe
und Unterstützung des anderen
weiterentwickeln.

Sprecht noch eine erweiterte Affirmation:
„Ich bin nun bereit, meinem Seelenpartner
zu begegnen, ihn zu empfangen und zu erkennen.
Die Liebe in meinem Herzen findet den Weg zu ihm.
Die Liebe in seinem Herzen findet den Weg zu mir."

Fokussiert euch während
dieser Übung immer wieder
auf die Liebe in eurem Herzen
und auf das Bild von
den goldenen Lichtstrahlen,
die aus eurem Herz-Chakra austreten
und die ganze Erde umfassen.
Laßt euch wieder so viel Zeit,
wie es sich richtig und gut anfühlt.
Bittet zum Abschluß die Existenz,
euch bei dem Finden
eures Seelenpartners zu unterstützen,
und sprecht ihr dafür euren Dank aus.
Dann kommt mit eurer Aufmerksamkeit
in euren gesamten Körper und
in den Raum, in dem ihr euch befindet,
zurück und beendet diese Übung.

Für diese Übung ist es wichtig, daß das Signal, das ihr an euren Seelenpartner aussendet, direkt aus eurem erfüllten Herzen kommt. Das garantiert, daß ihr einen Partner anzieht, der ebenfalls fähig ist, zu lieben. Wenn euer Herz erfüllt ist mit Liebe, dann wird es verhindern, daß ihr euch zu schnell mit einem Partner verbindet, der z.B. vor allem eure Liebe nimmt, aber nicht im ausgeglichenen Maße Liebe gibt. Dieses Mißverhältnis habt ihr vielleicht schon oft erlebt, aber für eine Beziehung mit einem Seelenpartner ist das keine Grundlage. Euer Herz sollte erfüllt sein mit Liebe, nur dann ist ein wirklicher Austausch mit einem geeigneten Partner möglich.

Der fünfte Schritt
Die Phase des Vertrauens

Die Phase, die nun beginnt, ist vielleicht die schwierigste von allen, denn bisher wart ihr damit beschäftigt, gewisse Dinge zu tun. Nachdem ihr alle vorgeschlagenen Schritte durchlaufen habt, indem ihr

- eure beschränkenden Vorstellungen aufgelöst habt und euch über eure Wunschbilder bewußt wurdet
- eure Sehnsucht akzeptiert habt
- euch auf die Liebe eingestimmt habt
- ein Signal an euren Seelenpartner ausgesendet habt,

beginnt nun eine Zeit, in der im Grunde nichts mehr aktiv zu tun ist. Wenn ihr alle vorangegangenen Schritte aufrichtig und intensiv vollzogen habt, dann ist in eurem Inneren der Boden für ein Finden eures Seelenpartners oder zumindestens eines Menschen, mit dem eine wahre Liebesbeziehung möglich ist, vorbereitet.

Niemand von euch muß einsam leben. Niemand hat es zur Aufgabe, alleine durch das Leben zu schreiten, wenigstens nicht das ganze Leben. Es gibt immer einmal Phasen im Leben eines Menschen, in denen er lernen muß, allein und doch glücklich und erfüllt zu sein.

Für keinen Menschen ist es jedoch eine Pflicht oder Aufgabe, ohne Partner zu leben. Für jeden Menschen stehen die geeigneten Partner zur Verfügung. Ihr müßt euch nur für sie öffnen und innerlich den Boden vorbereiten, um sie empfangen zu können. Nachdem ihr alle Hindernisse in euch ausgeräumt habt, die gegen eine Beziehung gesprochen haben, beginnt nun eine Phase, in der ihr einfach nur noch wach durch euer Leben gehen müßt. Wann immer ihr in Kontakt mit anderen Menschen seid, beobachtet aufmerksam und wachsam, wem ihr begegnet. Die Bewußtwerdung über eure Idealbilder und das Loslassen von diesen ermöglicht es euch, daß ihr die Menschen im neuen Licht sehen könnt. Ihr entdeckt Schönheit, wo ihr vorher keine gesehen habt, oder ein Mensch weckt euer Interesse, der vorher vollkommen uninteressant gewesen war.

Ihr werdet euch plötzlich von ganz anderen Menschen angezogen fühlen, denn ihr könnt sie nun eher so sehen, wie sie wirklich sind, da ihr nicht mehr so viel auf sie projiziert. Euer Leben wird in gewisser Weise realer. Andere Menschen erregen in euch nicht mehr so viele Phantasien und Traumbilder wie vorher. Ihr erlebt auch sie unmittelbarer in der Wirklichkeit.

Es ist ganz natürlich, daß ihr nun, wo ihr alles getan habt, um euren Seelenpartner zu finden, vielleicht ungeduldig werdet. Erwartet nicht sofort, daß ein Treffen mit eurem Seelenpartner oder mit einem entsprechenden Liebespartner stattfindet. Ihr steht jetzt vor der Aufgabe, mit eurer Erwartung und eurer Geduld oder Ungeduld konfrontiert zu sein. Versucht, euch immer wieder zu entspannen. Erinnert euch, daß ihr alles getan habt, was zu tun war und daß ihr das Signal an euren Seelenpartner ausgesendet habt. Wie schnell dieses Signal ein Resultat zeigt, hängt nicht alleine nur von euch ab. Viele Faktoren spielen eine Rolle, denn jetzt ist ein anderer Mensch in das Geschehen involviert.

Von eurer Seite aus gibt es nur noch zwei Dinge zu tun – einerseits aufmerksam durch das Leben zu gehen, indem ihr den Menschen, denen ihr begegnet, offen gegenüber seid und euch andererseits bewußt darüber zu sein, daß es nun nicht mehr in eurer Hand liegt, was geschieht. Ihr habt alles getan, jetzt müßt ihr darauf vertrauen, daß das Richtige zur entsprechenden Zeit geschehen wird. Erwartet nicht, daß ihr ein Signal aussendet und sofort am nächsten Tag trefft ihr euren Seelenpartner. Unter Umständen kann es dauern, bis dieses Treffen zustande kommen kann.

Wir möchten diese Zeit die Phase des Vertrauens nennen, denn sie ist vielleicht für manche von euch die schwierigste. In dieser Phase ist es wichtig, daß ihr sehr liebevoll mit euch umgeht und darauf achtet, daß ihr alles für eure Entspannung und euer Wohlergehen tut. Wie schon gesagt, es liegt nun nicht mehr alleine nur in eurer Hand, ob und wann ein Treffen zwischen euch und eurem Seelenpartner stattfinden kann. Vielleicht ist er noch an einem ganz anderen Entwicklungspunkt als ihr und muß noch einige wichtige Schritte tun. Früher oder später werden sich aber eure Energien unweigerlich anziehen, wenn ihr beide füreinander offen und bereit seid. Es ist nicht möglich, daß sich zwei Menschen verpassen, wenn sie sich nach einer wahrhaftigen Liebesbeziehung sehnen. Unweigerlich werden ihre Energien zueinander streben und sich gegenseitig anziehen, wann immer dann der richtige Zeitpunkt gekommen ist.

Haltet also eure eventuelle Ungeduld und eure Erwartungen über ein sofortiges Treffen im Zaum. Vertraut in dieser Zeit darauf, daß ihr nicht alleine durch das Leben gehen müßt und seid wachsam, welchen Menschen ihr begegnet. Falls es vorkommt, daß Zweifel oder Ängste in euch hochsteigen, arbeitet mit ihnen, wie wir es vorgeschlagen haben. Beachtet sie, akzeptiert sie, aber laßt sie dann auch wieder gehen, und übt euch im Vertrauen, daß für euch das Beste geschehen wird.

Der sechste Schritt
Das Treffen

Wann immer ihr euch in dieser Zeit von einem Menschen angezogen fühlt, versucht, mit ihm so viel Energie wie möglich auszutauschen. Erwartet nicht, daß es keine Schwierigkeiten geben kann, wenn ihr euren Seelenpartner trefft. Glaubt nicht, daß er das ganze Leben auf euch gewartet hat und äußerlich frei für euch ist, aber es kann durchaus sein, daß er kurz davor steht, ganz frei für euch zu werden. Ein durchaus mögliches Beispiel hierfür ist, daß ihr euren Seelenpartner trefft, aber er ist noch an einen anderen Partner gebunden, von dem er sich gerade trennen will. Bedenkt, daß ihr euch auf diese Begegnung bewußt und intensiv vorbereitet habt. Euer Seelenpartner muß dies nicht unbedingt auch getan haben.

Wir haben es schon angesprochen, daß sich Seelenpartner, die sich in vielen Leben nicht getroffen haben, neu aufeinander einstellen und sich kennenlernen müssen. Es muß nicht sein, daß euch bereits bei der ersten Begegnung sofort die Erfahrung des Wiedererkennens durchströmt. Wenn es also vorkommt, daß ihr euch von einem Menschen sehr stark angezogen fühlt, dann versucht zunächst einmal, ihn ausführlich kennenzulernen. Tauscht so viel Energie aus, wie es nur geht.

Wie erkennt ihr einen Seelenpartner? Ein Merkmal dafür, daß ihr einen Seelenpartner gefunden habt, ist das große gegenseitige Interesse in allen Seinsbereichen. Das schließt ein:

- daß ihr euch körperlich angezogen fühlt
- daß ihr emotional in Übereinstimmung und Harmonie seid
- daß ihr gerne miteinander Gedanken und Vorstellungen austauscht
- daß ihr eine gemeinsame spirituelle Basis findet.

Das Kennzeichen einer Seelenpartnerschaft ist eine gewisse Übereinstimmung und Harmonie in allen vier Seinsbereichen. Dies kann auch beinhalten, daß ein Partner in einem dieser Bereiche ganz anders ausgerichtet ist als der andere, aber von beiden eine Übereinstimmung, ja sogar Bereicherung darin gefunden wird. Dieses Anderssein macht das Zusammensein besonders interessant, denn beide Partner können sehr viel voneinander lernen.

Geht also offen an eine Beziehung heran. Erwartet nicht, daß ihr sofort wißt, ob eine Person euer Seelenpartner ist. Das ist im Grunde vollkommen unerheblich, wenn ihr eine Übereinstimmung in den vier Seinsbereichen mit ihm erleben könnt und Liebe zwischen euch fließt.

Der siebte Schritt
Das Zusammenleben

Das Zusammentreffen zweier Seelenpartner ist ein großes Glück. Eine Liebesbeziehung zwischen zwei Seelenpartnern ist eine Steigerung dieses Glücks, ja, es ist ein großes Geschenk.

Finden sich zwei Menschen, die in allen vier Seinsbereichen eine Übereinstimmung und eine gemeinsame Basis finden, dann geschieht jedesmal etwas Großartiges, und der Boden für schnelles Wachstum wird geschaffen. Durch den Rückhalt und die grundlegende Harmonie zwischen diesen zwei Menschen können sie sich viel schneller entfalten, als wenn sie alleine wären. Ihr wißt, wie es ist, wenn ihr in schwierigen Situationen die Hilfe eines guten Freundes in Anspruch nehmt und sich dadurch euer Problem in Luft auflöst. Durch seine Hilfe kann das, was euch bisher unmöglich erschienen war, plötzlich möglich werden. Blockaden werden abgebaut, und eure Energie kann wieder frei fließen.

Im übertragenen Sinne geschieht dies laufend in einer Seelenpartnerschaft, aber auch in einer wahren Liebesbeziehung. Durch die positive Energie, die zwischen zwei Menschen, die sich wahrhaftig lieben, hin und her fließt, wird das Potential jedes einzelnen angeregt und verstärkt. Beide erleben eine Transformationsphase, und Großes kann durch sie geschehen. Sie erleben, wie es ist, mit der Hilfe, der Unterstützung und dem Rückhalt eines liebenden Partners über innere Begrenzungen hinauszugehen. Jeder erfährt für sich alleine Wachstum, aber die positive Energie, die durch das Wachstum dieser zwei Menschen, entsteht, potenziert sich. In einer Liebesbeziehung zwischen zwei Seelenpartnern können durch ihre gemeinsame Energie Dinge geschehen, die nicht möglich gewesen wären, wenn sie alleine geblieben wären.

Wir sprachen bereits davon, daß eine Seelenpartnerschaft vor allem davon lebt, daß beide ein gemeinsames höheres Ziel verfolgen und ihrer Vervollkommnung einen Schritt näherkommen wollen. Dies kann beinhalten, daß sich beide in den Dienst einer höheren Macht, der Existenz, der Engel oder Gottes stellen und eine dienende Aufgabe auf dieser Erde übernehmen. Finden sich zwei Seelenpartner, die diesen Dienst am Ganzen freudig annehmen, dann kann durch sie Großes geschehen.

Spiritualität ist immer ein Thema in einer Seelenpartnerschaft, auch wenn dies auf den ersten Blick nicht offensichtlich ist oder offensichtlich gelebt wird. Trotzdem können die beiden Partner eine Qualität ausbilden, die sie ihrem höheren Ziel näherbringt, ohne daß sie sich vollkommen bewußt darüber sein müssen.

In der Geschichte der Menschheit gab es schon immer markante Liebesbeziehungen zwischen Seelenpartnern, die die Herzen der anderen berührt und in ihnen vieles ausgelöst und möglich gemacht haben. Von der bedingungslosen Liebe zweier Menschen werden auch die anderen um sie herum berührt und ihnen wird ihre eigene Sehnsucht nach einer tiefen Begegnung bewußt gemacht. Ihre Sehnsucht wird angestoßen und kommt an das Tageslicht, und sie stehen vor der Frage, ob sie sich auf sie einlassen oder nicht. Zwei Seelenpartner, die sich in einer Liebesbeziehung verbunden haben, sind für andere wie ein Katalysator.

Seelenpartner müssen aber wie alle anderen Menschen auch entscheiden, wie weit sie gehen wollen, wie weit sie sich einlassen wollen auf den Transformationsprozeß, der für sie möglich ist. Sie können sich jederzeit entscheiden, diesen Transformationsprozeß abzubrechen und nicht weiter in ihr Inneres, in ihr Wachstum oder in die Liebe vorzudringen. Jeder entscheidet immer selbst, wie weit er gehen will.

Das Potential der Entfaltung, des Wachstums und der Transformation ist aber zwischen zwei Seelenpartnern enorm groß. Es ist für beide eine Herausforderung, und es liegt an ihnen, inwieweit sie dieser nachkommen.

Fragen und Antworten

Fragen zum Thema Seelenpartner

Wie entsteht eine Seelenpartnerschaft? Wächst sie alleine durch Verbindungen aus vergangenen Leben, und wenn ja, ist diese Verbindung dann karmisch? Oder ist eine Seelenpartnerschaft Bestimmung und von einer höheren Macht gegeben?

Diese Frage ist im Grunde sehr umfangreich, denn sie hat mit der Geschichte und Entwicklung der Menschheit zu tun und geht bis auf ihre Ursprünge zurück. Von Beginn an gab es Gruppierungen oder Familien unter den Menschen, nur noch nicht in so umfassendem Maße wie heutzutage. Die Geschichte der Menschheit ist älter, als ihr vielleicht glaubt, und sie wurde zu allen Zeiten von unterschiedlichsten Energien und Wesen im positiven Sinne beeinflußt, ohne daß eine direkte Manipulation stattgefunden hätte.

Eure Frage läßt weitere Fragen entstehen: „Wo war der Ursprung dafür, daß sich ein Mensch inkarniert hat oder inkarnieren konnte? Wo war der Anfang?“ Jeder Mensch entstand aus einem Bewußtseinssamen. Dieser Same wollte sich weiterentwickeln und in die physische Welt eintreten, um sich auszubilden. Auf diese Art kann man in einfachen Worten den Beginn des menschlichen Lebens umschreiben.

Als der Boden auf der Erde darauf vorbereitet war, Leben zu tragen, wollten viele Bewußtseinssamen die menschlichen Inkarnationen durchlaufen und sich materialisieren. Unterschiedlichste Bewußtseinssamen aus allen nur möglichen Ecken des Universums kamen zusammen, um hier auf der Erde den Beginn menschlichen Lebens einzuleiten. Das klingt nun in euren Ohren vielleicht phantastisch, und das ist es ja auch. Die Geschehnisse im Universum übersteigen die menschliche Vorstellungskraft bei weitem und klingen deswegen in euren Ohren vielleicht irreal.

Unterschiedlichste Bewußtseinssamen, aber auch Wesen höherer Dimensionen traten in das menschliche Leben ein. Diese wurden unterstützt von der Liebe und der Kraft bestimmter Engel. So gab es von Anbeginn der Menschheitsgeschichte an Gruppen verschiedenartigster Wesen. Wenn ihr davon ausgeht, daß ihr damals auch anwesend wart, dann könnt ihr euch vorstellen, daß ihr schon viele Inkarnationen durchlebt habt und dabei verwandte Wesen, vertraute Freunde oder eben Seelenpartner zur Seite hattet. Innerhalb dieser Gruppierungen bildeten sich enge Verbindungen und Beziehungen zwischen einzelnen oder mehreren Menschen – Seelenpartnerschaften entstanden. Diese können also unter Umständen bis auf den Eintritt in den Zyklus der menschlichen Inkarnationen zurückgehen, ja, sogar darüber hinaus und können deswegen sehr alte, tiefe Verbindungen sein.

Um auf den zweiten Teil eurer Frage einzugehen, ob diese Verbindungen karmisch sind, so möchten wir dies verneinen. Unter einer karmischen Beziehung wird vor allem verstanden, daß zwischen zwei Menschen ungelöste

Konflikte oder Probleme bestehen. Dies ist nicht die Grundlage einer Seelenpartnerschaft. Die Grundlage einer Seelenpartnerschaft ist die Liebe füreinander und die daraus entstehende Verpflichtung, sich gegenseitig zu unterstützen und zu helfen. Dies findet immer wieder bei einem Treffen zwischen zwei Seelenpartnern statt.

Es ist keine Bestimmung, eine Beziehung zu Seelenpartnern zu haben oder nicht. Jeder Mensch gehört einer Gruppierung an und hat tiefe Verbindungen zu bestimmten Menschen oder Seelen, selbst wenn es in einem Leben so aussieht, als ob dies nicht der Fall wäre. Es entspricht nicht der Realität, daß euch eine höhere Macht oder Gott einen Seelenpartner zuordnet oder euch als Strafe einen Seelenpartner wegnehmen könnte.

Ist der Seelenpartner ein ganz bestimmter Mensch oder gibt es mehrere Menschen, die als Seelenpartner füreinander in Frage kommen?

Ihr habt nicht nur einen einzigen Seelenpartner. Die meisten Menschen haben Verbindungen zu mehreren oder vielen Seelenpartnern. Ihr könnt sie daran erkennen, daß sie euch direkt in eurem Herzen treffen und berühren.

Es kann durchaus sein, daß ihr einen Seelenpartner trefft und Energie mit ihm austauscht, aber trotzdem nur eine sehr lockere Verbindung mit ihm habt. Alleine das Wissen über die Anwesenheit dieses Menschen kann auf euch schon beruhigend und erfüllend wirken. Diese Seelenpartner können direkt in eurer nächsten Umgebung leben oder weit entfernt auf unterschiedlichen Teilen der Erde. Ein unsichtbares Band ist dann zwischen euch gespannt, selbst wenn ihr nicht miteinander in direkter Kommunikation steht. Mit diesen verschiedenen Seelenpartnern ist es weiterhin möglich, in manchen Leben eine Liebesbeziehung einzugehen.

Es gibt aber auch Seelenpartner, die zu bestimmten Phasen ihrer Entwicklung immer wieder eine Liebesbeziehung miteinander eingehen. Die Verbindung und die Liebe zwischen ihnen ist so tief, daß sie voneinander angezogen werden. Diese Liebesbeziehungen stellen eine Besonderheit dar und kommen nicht so häufig vor.

Inwieweit kann man Einfluß darauf nehmen und inwieweit ist es Schicksal, eine Liebesbeziehung mit einem Seelenpartner leben zu können?

Wenn ein Mensch sich innerlich für die Liebe und eine tiefe, innige Beziehung mit einem Menschen öffnet, dann ist es nie sein Schicksal, alleine zu leben oder alleine durch das Leben zu gehen. Manche Menschen vertreten die Meinung, daß es für sie anscheinend keinen geeigneten Partner gibt, denn das hilft ihnen, die eigene innere Verschlossenheit nicht beachten zu müssen und die Verantwortung von sich weg auf das Außen lenken zu können. Es ist aber nie so, daß es für einen Menschen keine geeigneten Partner gibt, und das trifft ebenfalls auf die Gruppierung der Seelenpartner zu. Wir erwähnten, daß ein Mensch immer Verbindungen zu mehreren Seelenpartnern hat. Deswegen ist es möglich, in jedem Leben Seelenpartner zu finden, außer in Einzelfällen.

Wir möchten aber näher auf den Kern dieser Frage eingehen, denn er zielt weniger auf Seelenpartner, als auf die Möglichkeit einer Liebesbeziehung ab. Die Frage ist für die Zusammenhänge in diesem Buch von Bedeutung, denn der Hauptpunkt für einen Menschen ist es nicht unbedingt, einen Seelenpartner, sondern eher eine Liebesbeziehung zu finden. Die Voraussetzung, um eine Liebesbeziehung eingehen zu können, ist immer die Offenheit eines Menschen. Warum solltet ihr eine Seelenpartnerschaft anstreben, wenn ihr noch nicht einmal fähig seid, euch für einen Menschen vertrauensvoll zu öffnen.

Wir haben die Kennzeichen einer Liebesbeziehung, die auch auf eine Seelenpartnerschaft zutreffen, beschrieben – der Austausch von Energien in allen vier Seinsbereichen. Es ist nie das Schicksal eines Menschen, sich anderen gegenüber zu verschließen. Es steht ihm immer frei, sich zu öffnen. Es liegt immer an jedem Einzelnen, ob er bereit ist, Energie zu teilen oder ob er sich verschließt, weil er z.B. Angst davor hat, eine Beziehung einzugehen; weil er glaubt, es nicht wert zu sein, geliebt zu werden; weil er sich minderwertig fühlt oder weil er annimmt, etwas zu verlieren, wenn er sich öffnet. Jeder Mensch hat seine ganz eigenen Gründe, warum er sich der Liebe und anderen Menschen gegenüber verschlossen hat. Jeder Mensch kann also bewußt Einfluß darauf nehmen, einen Menschen zu finden, mit dem er Liebe teilen kann. Eine Anleitung hierzu haben wir bereits gegeben. In sich verschlossene Menschen meinen sehr oft, daß es für sie keinen geeigneten Partner gäbe. Das ist aber nicht so. Ein Mensch, der sich innerlich vertrauensvoll öffnet und die Botschaft aussendet, eine tiefe Liebesbeziehung eingehen zu wollen, wird früher oder später den entsprechenden Partner anziehen.

Niemand ist dazu bestimmt, alleine durch das Leben zu gehen und einsam zu sein. Es liegt in der Verantwortung jedes einzelnen Menschen, ob er es sich erlaubt, sich einem anderen so vertrauensvoll zu öffnen, daß eine Liebesbeziehung möglich wird. Diese vertrauensvolle Energie wird immer eine zu ihm passende Energie anziehen.

Die Frage zielt also nicht auf eine Liebesbeziehung mit einem Seelenpartner, sondern eher generell auf eine Liebesbeziehung ab. Wir machen von unserer Seite aus keine Unterscheidung, ob eine tiefe Liebesbeziehung zwischen zwei Menschen oder zwei Seelenpartnern besteht. Tiefe Liebe, tiefes Vertrauen kann genauso für zwei Menschen stattfinden, die sich in ihren vorherigen Leben noch nie begegnet sind, wie auch zwischen zwei Seelenpartnern.

Was ist der wichtigste Schritt, um eine erfüllte Liebesbeziehung mit einem Seelenpartner erleben zu können?

Der wichtigste Schritt, um seinen Seelenpartner zunächst einmal zu finden, aber auch um mit ihm später in einer glücklichen Liebesbeziehung leben zu können, ist die Offenheit für die Liebe und die Bereitschaft, sich innerlich immer weiter zu öffnen und zu wachsen.

Ein Mensch, der innerlich verschlossen ist, kann seinen Seelenpartner nicht finden, weil er sich abgekapselt hat von anderen Menschen. Für ihn ist es nicht möglich, daß ihn ein anderer berühren kann und darf. Ihr könnt es also auch verhindern, daß ihr euren Seelenpartner trefft oder daß er euch nahekommen kann.

An erster Stelle steht immer die Offenheit anderen gegenüber und die Bereitschaft, Energie mit ihnen auszutauschen. Der allerwichtigste Schritt ist aber natürlich, offen für die Liebe zu sein und zuzulassen, daß ihre transformierende Kraft wirken kann. Auch für das Zusammenleben zwischen zwei Seelenpartnern in einer Liebesbeziehung ist die Offenheit für die Liebe und die Bereitschaft, durch sie zu wachsen, der wichtigste Punkt.

Es ist jederzeit möglich, daß ihr euch von der Liebe wieder abwendet. Es kann vorkommen, daß ihr durch viele bewußte Schritte der Öffnung eine Liebesbeziehung eingeht, euch später aber, aus welchen Gründen auch immer, wieder verschließt. Dann ist diese Liebesbeziehung nicht mehr lebendig.

Die Liebe braucht ständige Erneuerung. Sie muß fließen dürfen. Sie kann nicht einrosten und stehen bleiben, denn dann schlägt sie ins Gegenteil um. Diesen Vorgang kann man mit dem Bild von einem See, der von einem durch ihn hindurchfließenden Fluß gespeist wird, vergleichen. Dieser See wird ständig von frischem Wasser erneuert. Fließt der Fluß nicht mehr durch den See, dann kommt dieser ins Stokken, und sein Wasser kann mit der Zeit vermodern.

Ebenso ist es mit der Liebe. Wenn eure Liebe zur Gewohnheit oder mechanischen Handlung wird und ihr nicht mehr weiter wachsen wollt, wenn ihr euch nicht laufend von ihr erneuern lassen wollt, dann kommt etwas in euch ins Stocken und der Energiefluß der Liebe zwischen euch und eurem Partner kann nicht mehr stattfinden.

Wenn wir von der Offenheit für die Liebe sprechen, dann meinen wir damit auch immer, daß ihr bereit sein müßt, zu wachsen und euch weiterzuentwickeln. Gerade in einer Partnerschaft ist dies sehr wichtig.

Wie findet ein Mensch seinen Seelenpartner, wenn er sich wirklich für ihn öffnet, bei der Größe der Welt und den vielen Millionen von Menschen?

Diese Frage beinhaltet die Möglichkeit, daß zwei Seelenpartner, die eine Liebesbeziehung miteinander eingehen könnten, eventuell auf unterschiedlichen Erdteilen leben und sich somit nicht treffen. Ist es möglich, daß ihr, wenn eine Liebesbeziehung für euch wirklich ansteht, euren Seelenpartner zwischen all den vielen Millionen von Menschen und der Größe der Welt nicht findet?

Nein, das ist nicht möglich, denn die eigentliche Entscheidung für ein Treffen wird von beiden Seelenpartnern meistens schon vor einer neuen Inkarnation getroffen. Die Sehnsucht nach der Unterstützung durch einen Seelenpartner ist dann vor einer neuen Inkarnation so stark, daß sich beide in ihrem zukünftigen Leben unweigerlich finden. Das beinhaltet nicht, daß sie nicht gewisse Anstrengungen unternehmen müssen, um sich in diesem Leben wieder zu treffen. Die Entscheidung hierfür wurde von ihnen aber bereits vor langer Zeit gefällt. Ihre Entwicklung und ihre daraus resultierende Energie läßt sie zu einem bestimmten Zeitpunkt zueinander streben, selbst wenn sie auf unterschiedlichen Erdteilen leben. Ihre Intuition hilft ihnen dabei und bewegt sie z.B. dazu, eine Reise zu tun, die sie in das Land ihres Seelenpartners bringt. Ihre Energien wollen zusammen streben und tun dies auch, wenn es an der richtigen Zeit ist. Ihr könnt es nicht erzwingen, daß ihr eure Seelenpartner findet und trefft. Es hängt immer von der Entwicklung jedes Einzelnen ab, und ebenso muß zwischen euch ein Gleichklang bestehen.

Es ist also nicht möglich, daß sich zwei Seelenpartner nicht finden oder sich aus „Versehen" auf unterschiedlichen Erdteilen inkarnieren, wodurch es ihnen unmöglich wird, sich zu treffen. Die Verbindung zwischen Seelenpartnern ist sehr tief und besteht nicht nur in der Zeit der physischen Inkarnationen, sondern auch in der Phase zwischen diesen, in der ihr ohne physischen Körper seid. In diesem Zustand seid ihr „nur" Seele und frei von physischen Begrenzungen und einengenden Verhaltensmechanismen. Deswegen können sich die Seelen unmittelbar treffen und Dinge miteinander „besprechen". Jede Seele trifft in dieser Zeit Entscheidungen über die Lernerfahrungen des zukünftigen Lebens. Das schließt auch ein, mit welchen Seelen sie sich treffen oder zusammenleben möchte.

Die Verabredungen zwischen Seelenpartnern werden also schon vor der jeweiligen Inkarnation getroffen und sind dadurch in gewisser Weise festgelegt. Natürlich ist es aber auch möglich, daß sich ein Mensch während eines Lebens so stark in eine vollkommen andere Richtung verändert, daß dieses Treffen nicht stattfinden kann. Generell finden aber die Seelenpartner, die sich verabredet haben, zueinander.

Welche Bedeutung haben Seelenpartner in dieser Zeit der individuellen und globalen Transformation?

Die Menschen und die Erde stehen vor einem großen neuen Schritt. Ein Zeitalter neigt sich unweigerlich dem Ende zu und klingt gerade vollkommen aus. Gleichzeitig hat bereits ein neues Zeitalter die Führung übernommen. Es findet jedesmal eine Überschneidung statt, wenn sich zwei Zeitalter ablösen. Solche Veränderungen finden nie abrupt statt, Überschneidungen sind immer vorhanden. Jede Übergangsphase ist eine schwierige Zeit: Das Alte geht zu Ende und kann noch nicht so richtig loslassen, und das Neue möchte sich seine Bahn brechen!

Im übertragenen Sinne trifft das auch auf die Menschen zu. Viele Veränderungen können sich momentan in ihnen vollziehen – neue Gefühle, neue Gedanken und Visionen, neue Bedürfnisse entstehen in ihnen, aber das Alte weigert sich, dies anzuerkennen. Dies ist immer der Konflikt, der in solch einer Transformationsphase stattfindet. Trotzdem sind revolutionäre Erfahrungen und Lernschritte möglich.

Momentan ist eine Zeit, in der nicht nur einige, sondern alle Menschen vor großen Veränderungen stehen. Deswegen haben sich sehr viele Seelenpartner verabredet und streben aufeinander zu. Viele Seelenpartner haben sich gegenseitig geschworen, daß sie sich in dieser Übergangsphase unterstützen und Beistand geben wollen. Das ist eine enorme Hilfe, aber der besondere Lernschritt, der global ansteht, macht eine gewisse Behinderung möglich.

Der große Lernschritt für alle Menschen heißt, die Liebe mehr in das Leben treten zu lassen. Die künftige Entwicklungsphase wird von der Liebe gekennzeichnet sein, aber im Moment ist es so, daß das Alte in vielen Menschen noch in die entgegengesetzte Richtung zieht. Es ist ein Paradox: Der neue Lernschritt heißt, sich für die Liebe zu öffnen, aber alte Begrenzungen sträuben sich und bäumen sich dagegen auf, weil sie spüren, daß sie von der Liebe aufgelöst werden würden. Dieser Prozeß findet auch in vielen Seelenpartnern statt. Viele möchten sich zwar für die Liebe öffnen, aber sie haben auch Widerstände dagegen. Das kann zahlreiche unterschiedliche Gründe haben. Die einen müssen noch ihre Selbstliebe aktivieren, um es sich zu erlauben, daß ein anderer ihnen Liebe entgegenbringen kann. Die anderen wiederum müssen lernen, Vertrauen in ihre Mitmenschen zu legen.

Ein Entwicklungsprozeß findet momentan in allen Menschen statt. Die Bedeutung der Hilfe zwischen Seelenpartnern ist in dieser Zeit der globalen Transformation sehr groß. Ob diese Hilfe zugelassen werden kann, ist davon abhängig, wie stark sich die einzelnen Menschen erlauben, daß ihnen Unterstützung zufließt. Das ist im großen Maße von ihren Erfahrungen, die sie in den letzten Leben gemacht haben, abhängig.

Der Übergang in ein anderes Zeitalter bedeutet für die Menschen, daß sie alle gemeinsam, ein ganz neues Leben beginnen müssen. Der Wechsel dieser Zeitalter ist der Menschheit nicht auferlegt, sondern er spiegelt einen natürlichen Entwicklungszyklus wider. Nur wenn sich die Menschen gegen diese Entwicklung sträuben, entstehen Probleme und Konflikte.

Es ist also eine Zeit, in der sich jeder Mensch darin üben muß, Altes gehen zu lassen und Neues zu empfangen. Von Gewohnheiten und Sicherheiten loszulassen, fällt vielen Menschen schwer. Ins Ungewisse zu gehen, jagt vielen Menschen Angst ein, aber solche Phasen der Erneuerung sind Teil der Lebenszyklen. Sie stellen jedoch immer eine große Herausforderung dar. Nicht ohne Grund haben wir die Bereitschaft, das Leben als eine positive Herausforderung anzusehen, als eine Voraussetzung für das Zusammentreffen von Seelenpartnern in den Vordergrund gestellt. Wie ihr nun erkennen könnt, gilt dies nicht nur für Seelenpartner, sondern im Moment sogar global für alle Menschen.

Regine Zopf gibt Einzelsitzungen und Channelings, veranstaltet regelmäßig Seminare (unter anderem Channeling-Seminare, in denen Engel Menschen bei ihrer Suche nach einem Partner beraten) und Ausbildungskurse und malt von Engeln medial übermittelte Ur-Energiebilder für Menschen. Wer aktuelle Informationen über ihre Arbeit möchte, kann Unterlagen anfordern bei:

Archantaya Verlag

Räderloher Weg 5
D-29348 Scharnhorst

Außerdem von Regine Zopf im Archantaya Verlag erschienen:

Jesus – Für meine Freunde
Jesus spricht über Vergebung, Liebe und Heilung, 163 Seiten, ISBN 3-937534-42-3

In diesem von Regine Zopf medial übermittelten Buch spricht Jesus direkt zu seinen Freunden und all denjenigen, die ihn lieben. Auf einmalige Art und Weise setzt er das fort, was vor fast 2000 Jahren abrupt unterbrochen worden war. Er klärt alte Missverständnisse auf und spricht über die Qualitäten, die dem Menschen in der heutigen Zeit auf seinem Weg weiterhelfen können. Er selbst sagt in diesem Buch:

"Mit diesem Buch vollende ich meine Lehren und ich löse mein Versprechen ein, das ich euch einst gegeben habe."

In diesem einzigartigen von Regine Zopf medial übermittelten Buch spricht Maria, die einstige Mutter von Jesus, über eine von überholten Werten befreite Form der Spiritualität, die von jedem Menschen leicht in das tägliche Leben integriert werden kann. Hierbei gibt Maria zunächst Einblicke in ihren spirituellen Weg. Sie berichtet von ihrem Leben mit Jesus und ihren Bewusstseinserfahrungen, die sie seitdem durchlaufen hat und die sie zu dem gemacht haben, was sie heute ist – ein Engel der Liebe und ein Mitglied der Gruppe der Aufgestiegenen Meister.

Maria – Engel der Liebe
Band 1: Die Lehre einer neuen Spiritualität
177 Seiten, ISBN 3-937534-40-7

Die Serie "Das Unsichtbare wird sichtbar" von Regine Zopf im Archantaya Verlag:

Das Unsichtbare wird sichtbar, Die Chakren ...
190 S., 7 Farbabb.
ISBN 3-937534-00-8

Das Unsichtbare wird sichtbar, Die Energiekörper ...
185 Seiten
ISBN 3-937534-01-6

Außerdem von Regine Zopf im Archantaya Verlag erschienen:

Kristalle – Das Herz der Erde
155 Seiten
ISBN 3-937534-30-x

Heilung – Das Ende des Leidens
168 Seiten
ISBN 3-937534-31-8

Das Wunder von Reiki
Die sieben Grundregeln einer erfolgreichen Reiki-Arbeit, 134 S.,
ISBN 3-937534-14-8

Engel – Unsichtbare Helfer, Wie Engel den Menschen unterstützen,
155 Seiten
ISBN 3-937534-15-6

Weitere Bücher von Regine Zopf im Archantaya Verlag:

Reiki
Ein Weg sich selbst zu vervollkommnen
117 Seiten
ISBN 3-937534-09-1

Botschaft der Liebe und des Friedens
Engel sprechen über die aktuelle Krisensituation und den Frieden auf Erden
120 Seiten
ISBN 3-937534-22-9

Die Vollendung
Eine Erzählung über die Engel auf Erden
213 Seiten
ISBN 3-937534-06-7

Die Strahlen der Erneuerung
Eine Umwandlungsphase für Erde und Mensch
182 Seiten
ISBN 3-937534-08-3

Liebe – Der Schlüssel für das Neue Zeitalter
Erklärungen von Sameen Al Hoskia Ra und den Weltenhütern
120 Seiten
ISBN 3-937534-13-x

Weitere Bücher aus dem Archantaya Verlag:

Ralph Peters
Das Pyramiden-Handbuch
Wirkung, Nutzen und Anwendung
von Pyramiden für den Menschen
in der heutigen Zeit
80 Illustr., 151 S.
ISBN 3-937534-61-x

Ralph Peters
Gesundheit
Das eigene Heilungspotential
entdecken
und aktivieren
112 Seiten
ISBN 3-937534-19-9

Geschenkbücher mit Goldprägung von Regine Zopf aus dem Archantaya Verlag:

Zauber der Engel
Aus der Reihe: Goldene Momente
ISBN 3-937534-50-4

Die Liebe der Engel
Aus der Reihe:
Goldene Momente
ISBN 3-937534-53-9

Meditationen von Engeln
Aus der Reihe: Goldene Momente
ISBN 3-937534-52-0

Poesie von Engeln
Aus der Reihe: Goldene Momente
ISBN 3-937534-54-7

Zeremonien von Engeln
Aus der Reihe: Goldene Momente
ISBN 3-937534-55-5

Weisheiten von Engeln
Aus der Reihe: Goldene Momente
ISBN 3-937534-56-3

Worte des Friedens von Engeln,
Aus der Reihe: Goldene Momente
ISBN 3-937534-57-1